信息系统管理工程师
真题及模考卷精析
（适用机考）

主 编 薛大龙 程 刚 上官绪阳

中国水利水电出版社
www.waterpub.com.cn
·北京·

内 容 提 要

信息系统管理工程师第 2 版考试大纲已经发布，由于新版考纲相比于旧版考纲变化较大，配套的第 2 版新教材的内容也有了巨大变化。这就导致历年真题、练习题等题目无法适用于考生当前备考。

本书各试卷中的题目，一部分是作者根据历年考试大数据分析、第 2 版大纲新增或发生变化的内容、机考特点、自身授课经验全新设计的，另一部分源自历年考试真题，但全部严格根据第 2 版考试大纲及教材进行了针对性修改。因此本书全部题目完全适用于机考改革后的备考使用，完全不必担心大纲及教材内容改版所带来的变化。本书所有的题目皆配有深入解析及答案，解析力图通过考点把复习内容延伸到所涉知识面，同时力图以严谨而清晰的讲解让考生真正理解知识点。希望本书能够极大地提高考生的备考效率。

本书可作为考生备考信息系统管理工程师考试的学习资料，也可供相关培训班使用。

图书在版编目（CIP）数据

信息系统管理工程师真题及模考卷精析 : 适用机考 / 薛大龙, 程刚, 上官绪阳主编. -- 北京 : 中国水利水电出版社, 2025. 5. -- ISBN 978-7-5226-3424-1

Ⅰ. C931.6-44

中国国家版本馆 CIP 数据核字第 2025YP9765 号

责任编辑：周春元　　加工编辑：王开云　　封面设计：李 佳

书　　名	信息系统管理工程师真题及模考卷精析（适用机考） XINXI XITONG GUANLI GONGCHENGSHI ZHENTI JI MOKAOJUAN JINGXI (SHIYONG JIKAO)
作　　者	主　编　薛大龙　程　刚　上官绪阳
出版发行	中国水利水电出版社 （北京市海淀区玉渊潭南路 1 号 D 座　100038） 网址：www.waterpub.com.cn E-mail: mchannel@263.net（答疑） 　　　　sales@mwr.gov.cn 电话：（010）68545888（营销中心）、82562819（组稿）
经　　售	北京科水图书销售有限公司 电话：（010）68545874、63202743 全国各地新华书店和相关出版物销售网点
排　　版	北京万水电子信息有限公司
印　　刷	三河市鑫金马印装有限公司
规　　格	184mm×240mm　16 开本　11 印张　263 千字
版　　次	2025 年 5 月第 1 版　2025 年 5 月第 1 次印刷
印　　数	0001—3000 册
定　　价	48.00 元

凡购买我社图书，如有缺页、倒页、脱页的，本社营销中心负责调换

版权所有·侵权必究

全国计算机技术与软件专业技术资格（水平）考试辅导用书编委会

主　任　薛大龙

副主任　邹月平　姜美荣　胡晓萍

委　员　刘开向　胡　强　朱　宇　杨亚菲
　　　　　施　游　孙烈阳　张　珂　何鹏涛
　　　　　王建平　艾教春　王跃利　李志生
　　　　　吴芳茜　黄树嘉　刘　伟　兰帅辉
　　　　　马利永　王开景　韩　玉　周钰淮
　　　　　罗春华　刘松森　陈　健　黄俊玲
　　　　　孙俊忠　王　红　赵德端　涂承烨
　　　　　余成鸿　贾瑜辉　金　麟　程　刚
　　　　　唐　徽　刘　阳　马晓男　孙　灏
　　　　　陈振阳　赵志军　顾　玲　上官绪阳
　　　　　刘　震　郑　波　田　禾

机考说明及模拟考试平台

一、机考说明

按照《2023年下半年计算机技术与软件专业技术资格（水平）考试有关工作调整的通告》，自2023年下半年起，计算机软件资格考试方式均由纸笔考试改革为计算机化考试。

考试采取科目连考、分批次考试的方式，连考的第一个科目作答结束交卷完成后自动进入第二个科目，第一个科目节余的时长可为第二个科目使用。

高级资格：综合知识和案例分析2个科目连考，作答总时长240分钟，综合知识科目最长作答时间150分钟，最短作答时间120分钟，综合知识交卷成功后不参加案例分析科目考试的可以离场，参加案例分析科目考试的，考试结束前60分钟可交卷离场。论文科目时长120分钟，不得提前交卷离场。

初、中级资格：基础知识和应用技术2个科目连考，作答总时长240分钟，基础知识科目最短作答时长90分钟，最长作答时长120分钟，选择不参加应用技术科目考试的，在基础知识交卷成功后可以离场，选择继续作答应用技术科目的，考试结束前60分钟可交卷离场。

二、官方模拟考试平台入口及登录方法

根据过往经验，模拟考试平台通常是在考前20天左右才开放，且只针对报考成功的考生开放所报考的科目界面，具体以官方通知为准。

1. 官方模拟考试平台系统操作流程

（1）考生报名成功后，通过电脑端进入 https://bm.ruankao.org.cn/sign/welcome。

（2）单击"模拟练习平台"，如下图所示。

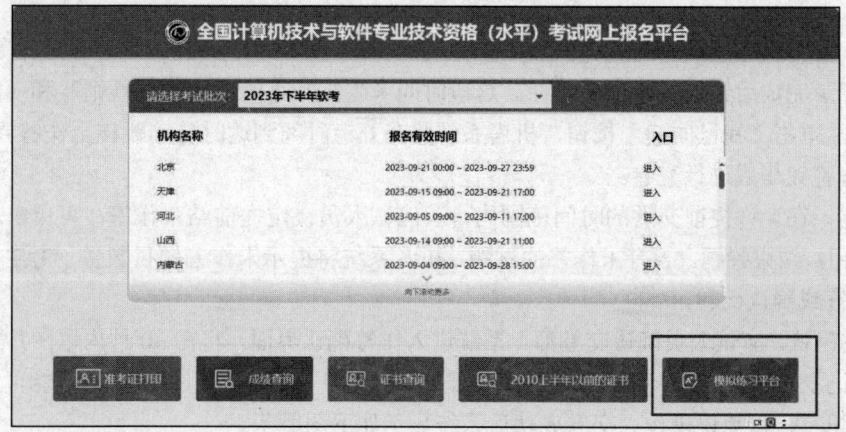

（3）登录后，下载模考系统进行安装，然后打开模考系统，输入考生报名时获得的账号和密码，系统会自动配对所报名的专业，接着选择要练习的试卷后单击"确定"按钮，如下图所示。

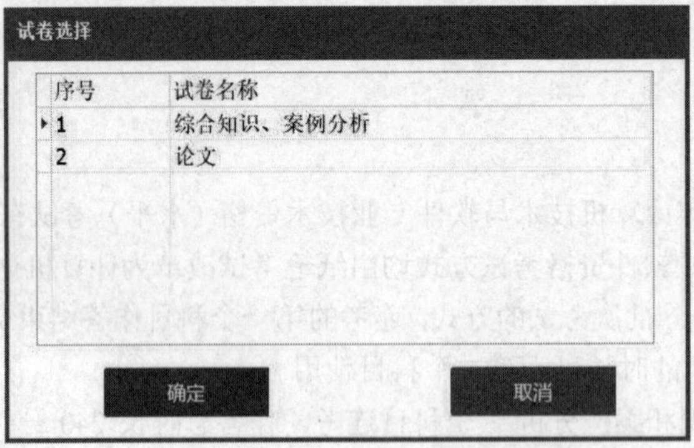

（4）登录后输入模拟准考证号和模拟证件号码。模拟准考证号为 11111111111111 （14个1），模拟证件号码为 111111111111111111 （18个1）。输入完成后单击"登录"按钮进入确认登录界面，如下图所示。

（5）登录完成后进入等待开考界面。这段时间考生需认真阅读《考场规则》和《操作指南》。阅读完毕后，单击"我已阅读"按钮，机考系统将在开考时间到达时自动跳转至作答界面。

（6）作答完毕后进行交卷。

1）交卷。在允许提前交卷的时间范围内，若应试人员决定提前结束作答，可单击屏幕上方的"交卷"按钮，结束答题。若有未作答的试题，机考系统将提示未作答题目数量。考生可返回作答界面继续作答或确认交卷。

2）交卷确认。应试人员确认交卷后，系统进入作答确认界面，将在30秒内以图片方式显示作答结果。若记录正常，应试人员应单击"确认正常并交卷"按钮交卷，确认后将不能再返回作答界面，请务必慎重，以免误操作。交卷成功后系统显示如下图所示。

如果碰到有些题目没有做完，选择交卷的时候系统会有提示（蓝色标记已经完成，橙色标记未完成），这个时候如果时间充足，最好不要提交，要进入未完成题目继续作答。

2. 软考模拟平台试题界面介绍

试题界面上方为标题栏，左侧为题号栏，右侧为试题栏。标题栏从左到右，依次显示应试人员基本信息、本场考试名称（具体以正式考试为准）、考试科目名称、机位号、考试剩余时间、"交卷"按钮。**题号栏显示试题序号及试题作答状态，白色背景表示未作答，绿色背景表示已作答，橙色背景表示当前正在作答**。试题栏显示题目、作答区域及系统功能。

综合知识卷的试题栏如下图所示。

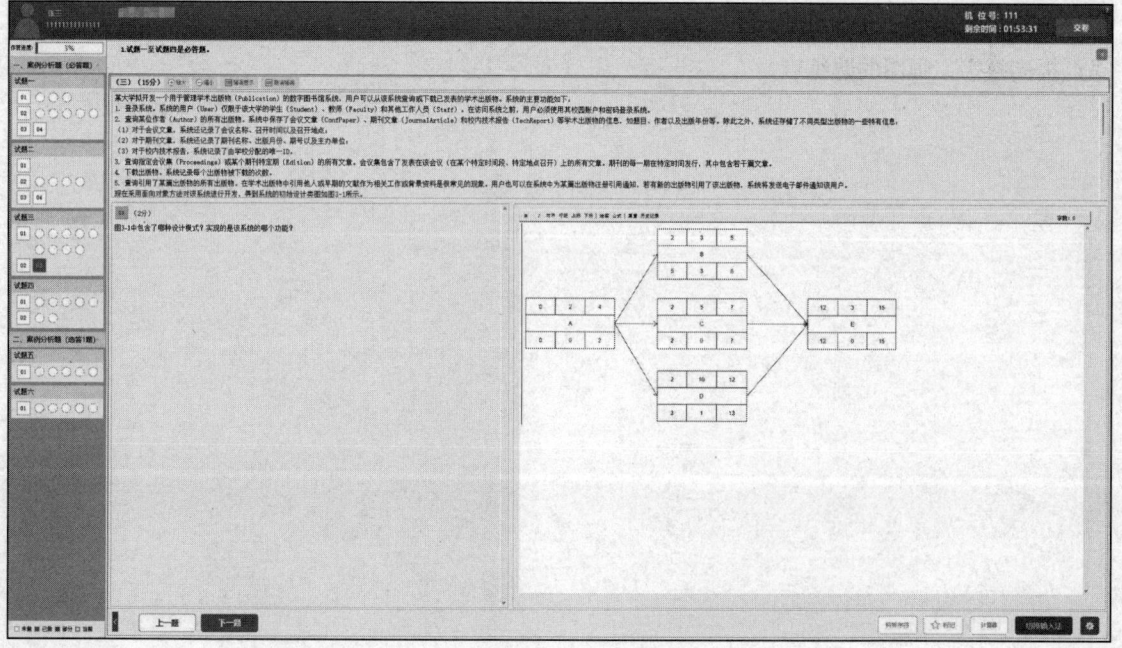

案例分析卷和论文卷的答题栏还会有一些单独的功能键，比如画图（单独的一个绘图程序），计算器、输入法（根据考点不同，有些考点有十多种，最基本的输入法有微软拼音、极点五笔、搜狗拼音）。以其中的绘图功能为例，具体界面如下图所示。

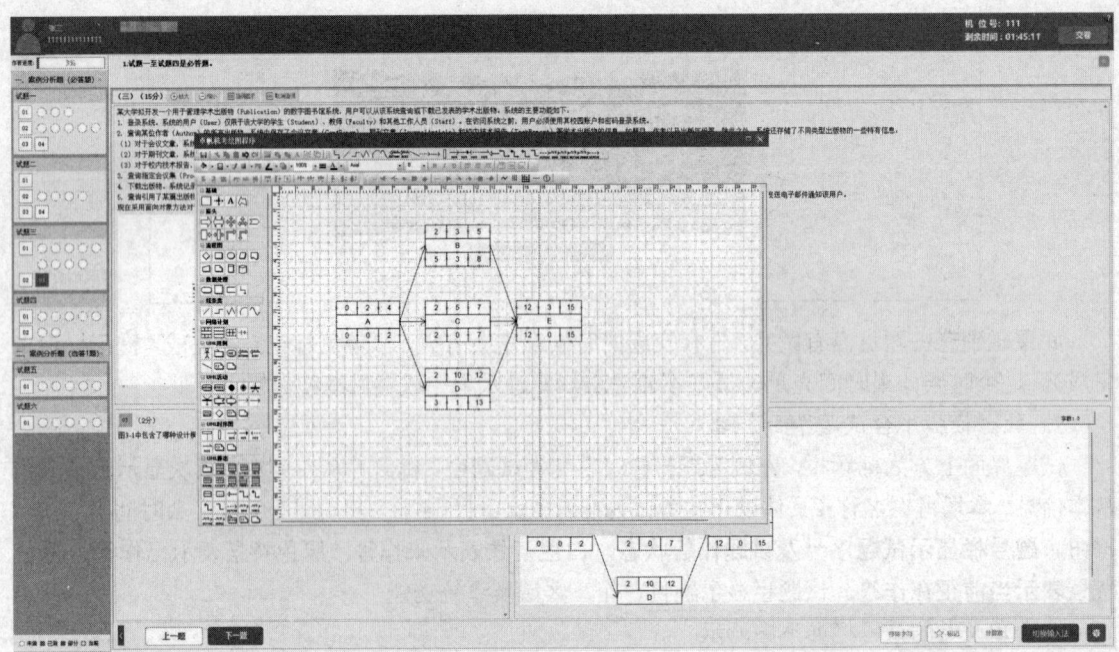

根据机考平台的开放时间，建议报名成功的考生一定要在机考平台上多加练习，熟悉机考的模式，提高打字、画图的熟练度。

本书之 What & Why

为什么选择本书

通过"历年真题"来复习无疑是针对性极强且效率颇高的备考方式，但伴随着信息系统管理工程师考试第 2 版考试大纲及教材的发布，各培训机构讲师及备考考生发现，第 2 版教材相较于第 1 版教材，无论是内容架构还是具体内容，都发生了很大的变化，从而使得"历年真题"完全不适用于当前的备考了。鉴于此，长期从事软考培训工作的薛大龙老师精心组织编写了本书，以期能够让考生获得高效的备考抓手。

本书各试卷中的题目，一部分是作者结合第 2 版大纲新增或发生变化的内容、机考特点、自身丰富的授课经验而全新设计的，一部分源自历年考试真题，但全部严格根据第 2 版考试大纲及教材的变化进行了针对性修改，而且根据历年考试大数据分析进行了选择优化。因此本书全部题目完全适用于考生备考使用，完全不必担心新旧大纲及教材内容改版所带来的变化。

本书中试题突出反映了新增内容和新旧教材发生的变化，如信息系统架构、云服务及运营管理、数据管理、知识管理等。这些新增内容及原有内容的变化对于未来的考试至关重要。上述结论基于我们这样的一个基本判断：不重要的内容不会新增巨大篇幅，不重要的变化不会引起对原有内容的修订，新增的或变化的内容如果不考就降低了考试的意义。

本书所有的题目皆配有深入解析及答案，解析力图通过考点把复习内容延伸到所涉知识面，同时力图以严谨而清晰的讲解让考生真正理解知识点。希望本书能够极大地提高考生的备考效率。

本书作者不一般

本书由长期从事软考培训工作的薛大龙、程刚、上官绪阳三位老师担任主编。

薛大龙，北京理工大学博士研究生，多所大学客座教授，全国计算机技术与软件专业技术资格（水平）考试辅导用书编委会主任，财政部政府采购评审专家，北京市评标专家，非常熟悉命题要求、命题形式、命题难度、命题深度、命题重点及判卷标准等。

程刚，理学硕士，高级工程师，西安交通大学访问学者，西安理工大学专业学位硕士导师，陕西省政府采购评审专家，陕西省综合评标评审专家、渭南市计算机学会副理事长。陕西省科协数字产业决策咨询专家、渭南市优秀科技工作者，全国报业优秀科技工作者。全国计算机技术与软件专业技术资格（水平）考试辅导用书编委会委员，具有丰富的信息系统管理实战经验。

上官绪阳，软考面授及网课讲师，项目管理经验丰富，具有丰富的企业和高校带教经验。精于知识要点及考点的提炼和研究，其授课方法独特，轻松有趣，易于理解，善于运用生活案例传授知识要点，颇受学员推崇和好评。

致谢

感谢中国水利水电出版社有限公司周春元编辑在本书的策划、选题申报、写作大纲的确定以及编辑出版等方面付出的辛勤劳动和智慧，以及他给予我们的很多帮助。

关注大龙老师抖音，了解最新考试资讯！

编 者

2025 年 3 月

目 录

机考说明及模拟考试平台

本书之 What & Why

信息系统管理工程师机考试卷　第 1 套　基础知识卷 1
信息系统管理工程师机考试卷　第 1 套　应用技术卷 8
信息系统管理工程师机考试卷　第 1 套　基础知识卷参考答案与试题解析 11
信息系统管理工程师机考试卷　第 1 套　应用技术卷参考答案与试题解析 21
信息系统管理工程师机考试卷　第 2 套　基础知识卷 25
信息系统管理工程师机考试卷　第 2 套　应用技术卷 33
信息系统管理工程师机考试卷　第 2 套　基础知识卷参考答案与试题解析 36
信息系统管理工程师机考试卷　第 2 套　应用技术卷参考答案与试题解析 46
信息系统管理工程师机考试卷　第 3 套　基础知识卷 51
信息系统管理工程师机考试卷　第 3 套　应用技术卷 60
信息系统管理工程师机考试卷　第 3 套　基础知识卷参考答案与试题解析 63
信息系统管理工程师机考试卷　第 3 套　应用技术卷参考答案与试题解析 74
信息系统管理工程师机考试卷　第 4 套　基础知识卷 79
信息系统管理工程师机考试卷　第 4 套　应用技术卷 86
信息系统管理工程师机考试卷　第 4 套　基础知识卷参考答案与试题解析 89
信息系统管理工程师机考试卷　第 4 套　应用技术卷参考答案与试题解析 98
信息系统管理工程师机考试卷　第 5 套　基础知识卷 102
信息系统管理工程师机考试卷　第 5 套　应用技术卷 109
信息系统管理工程师机考试卷　第 5 套　基础知识卷参考答案与试题解析 111
信息系统管理工程师机考试卷　第 5 套　应用技术卷参考答案 120
信息系统管理工程师　　模考卷　基础知识卷 123
信息系统管理工程师　　模考卷　应用技术卷 132
信息系统管理工程师　　模考卷　基础知识卷参考答案与试题解析 136
信息系统管理工程师　　模考卷　应用技术卷参考答案与试题解析 154

信息系统管理工程师机考试卷 第1套
基础知识卷

- 人工智能的主要应用领域包括___(1)___。
  - (1) A. 智能机器人　　　　　　　　B. 语音识别
  　　　C. 自动驾驶　　　　　　　　　D. 所有上述选项
- 现代化基础设施中，___(2)___是城市物联网的主要作用。
  - (2) A. 提高城市管理效率　　　　　B. 促进城市经济发展
  　　　C. 改善城市居民生活质量　　　D. 所有上述选项
- 产业现代化中工业现代化的核心是___(3)___。
  - (3) A. 提高工业生产自动化水平　　B. 实现工业生产的绿色化
  　　　C. 推动工业技术创新　　　　　D. 优化工业产业布局
- 数字化转型中，___(4)___用于评估企业数字化转型的进展。
  - (4) A. 业务流程再造　　　　　　　B. 组织结构调整
  　　　C. 技术平台升级　　　　　　　D. 转型成熟度模型
- ___(5)___是信息技术及其发展中计算机软硬件发展依赖的关键因素。
  - (5) A. 半导体技术的进步　　　　　B. 软件工程的创新
  　　　C. 网络技术的普及　　　　　　D. 用户需求的变化
- 在新一代信息技术及应用中，物联网的主要功能是___(6)___。
  - (6) A. 实现物品的智能识别和跟踪　B. 提供大数据分析服务
  　　　C. 实现云计算资源的分配　　　D. 提供区块链技术的应用
- ___(7)___体现了新一代信息技术及应用中大数据的价值。
  - (7) A. 数据的存储　　　　　　　　B. 数据的处理
  　　　C. 数据的分析和洞察　　　　　D. 数据的传输
- ___(8)___是信息与信息化中信息化基础的关键组成部分。
  - (8) A. 信息技术的应用　　　　　　B. 信息资源的开发和利用
  　　　C. 信息产业的发展　　　　　　D. 信息安全保障
- 在架构基础中，设计原则是构建信息系统时必须遵循的准则，其中___(9)___是最重要的原则之一。
  - (9) A. 模块化设计　　　　　　　　B. 可重用性
  　　　C. 可维护性　　　　　　　　　D. 性能优化

- 架构定义是理解系统架构的起点，___(10)___是架构定义中的关键要素。
    (10) A．架构的风格和模式　　　　　　B．架构的组件和连接
         C．架构的约束和权衡　　　　　　D．架构的版本和迭代
- 在应用架构中，分层分组的主要目的是___(11)___。
    (11) A．提高系统的可扩展性　　　　　B．增强系统的安全性
         C．降低系统的复杂性　　　　　　D．提升系统的响应速度
- 技术架构中，___(12)___是架构案例分析时需要考虑的重要因素。
    (12) A．技术选型　　　　　　　　　　B．成本预算
         C．用户需求　　　　　　　　　　D．市场趋势
- IT治理体系中，___(13)___是确保IT治理有效性的关键环节。
    (13) A．治理框架的建立　　　　　　　B．治理政策的执行
         C．治理效果的评估　　　　　　　D．治理风险的管理
- 在IT治理关键域中，___(14)___是顶层设计的核心内容。
    (14) A．业务流程优化　　　　　　　　B．技术架构规划
         C．组织文化建设　　　　　　　　D．人力资源管理
- 在IT服务基础特征中，IT服务业的特征体现在其服务的无形性、即时性和___(15)___。
    (15) A．易逝性　　　　　　　　　　　B．可预测性
         C．可复制性　　　　　　　　　　D．可存储性
- IT服务生命周期的___(16)___阶段，是服务从概念到实施的转换过程。
    (16) A．战略规划　　　　　　　　　　B．设计实现
         C．运营提升　　　　　　　　　　D．监督管理
- ___(17)___是IT服务质量评价模型中，用于衡量IT服务质量的关键指标之一。
    (17) A．IT服务质量管理过程　　　　　B．IT服务质量评价模型
         C．常见运维服务质量管理活动　　D．服务水平协议
- 软件需求的层次结构中，需求分析阶段的主要输出是___(18)___。
    (18) A．需求获取　　　　　　　　　　B．需求规格说明书
         C．需求确认　　　　　　　　　　D．需求变更
- 在软件设计中，___(19)___是面向对象设计的核心概念，它包括类、对象、继承等概念。
    (19) A．模块　　　　　B．类和对象　　　　C．函数　　　　　D．过程
- 软件实现阶段，软件测试的主要目的是___(20)___，以确保软件满足需求规格。
    (20) A．提高代码的运行速度　　　　　B．确保软件满足需求规格
         C．减少软件的内存占用　　　　　D．提升用户体验
- 全过程管理关注中，___(21)___是软件质量管理的关键组成部分，涉及软件质量的控制和提升。
    (21) A．软件配置管理　　　　　　　　B．软件质量管理
         C．工具管理　　　　　　　　　　D．开源管理

- 在需求分析与转化阶段，开发技术需求的主要目的是__(22)__。
  - (22) A. 确保技术可行性 B. 降低开发成本
  - C. 提高用户满意度 D. 加速开发进程
- 设计开发过程中，__(23)__是实现设计的关键步骤之一。
  - (23) A. 选择和开发备选解决方案 B. 开发详细设计
  - C. 实现设计 D. 准备产品集成
- 在验证与确认阶段，__(24)__是执行验证与确认的前提。
  - (24) A. 准备评估 B. 执行验证与确认
  - C. 技术管理 D. 资源管理
- 运维能力模型中，运维能力管理的基础是__(25)__。
  - (25) A. 策划 B. 实施 C. 检查 D. 改进
- 在运维人员管理中，__(26)__是确保团队稳定性和服务质量的基础。
  - (26) A. 人员储备 B. 岗位结构
  - C. 服务级别管理 D. 服务报告管理
- 运维过程中，__(27)__是确保服务连续性的重要环节。
  - (27) A. 事件管理 B. 问题管理
  - C. 配置管理 D. 可用性和连续性管理
- 运维资源中，__(28)__是快速响应和解决问题的重要保障。
  - (28) A. 运维工具 B. 服务台
  - C. 备件库 D. 运维数据
- 运维技术中，__(29)__是推动运维创新的关键。
  - (29) A. 技术研发管理 B. 运维技术研发
  - C. 运维技术应用 D. 智能运维场景实现
- 智能运维中，实现智能运维的基础是__(30)__。
  - (30) A. 框架与特征 B. 能力域和能力项
  - C. 智能运维场景实现 D. 运维知识
- 云服务与数据中心变革中，__(31)__是云服务对数据中心带来的主要影响。
  - (31) A. 提高了数据中心的能源效率 B. 降低了数据中心的运营成本
  - C. 加强了数据中心的物理安全性 D. 减少了数据中心的硬件需求
- 云服务运营框架涉及多个方面，其中__(32)__不是云服务运营框架的组成部分。
  - (32) A. 服务目录管理 B. 服务水平管理
  - C. 服务报告管理 D. 服务计费管理
- 在云运维中，__(33)__是确保服务顺利进行的关键活动。
  - (33) A. 服务发布管理 B. 服务开通管理
  - C. 服务运行 D. 满意度管理

- 在云资源操作中，___（34）___是资源供应与任务管理的重要组成部分。

  （34）A．资源部署与回收　　　　　　B．动态管理

  　　　C．资源监控与优化　　　　　　D．计划操作

- 云信息安全中的___（35）___是保护云资源不受未授权访问的关键措施。

  （35）A．安全制度　　B．架构安全　　C．资源安全　　D．操作安全

- 在项目管理的启动过程组中，___（36）___是项目正式启动前的重要文档。

  （36）A．立项管理　　　　　　　　　B．制定项目章程

  　　　C．识别干系人　　　　　　　　D．项目启动会议

- 规划过程组中，___（37）___是项目管理计划的一部分，涉及项目成本的预估。

  （37）A．制订项目管理计划　　　　　B．估算项目成本

  　　　C．识别项目风险　　　　　　　D．规划质量管理

- 在应用系统管理中，运行维护的基础工作是___（38）___，确保系统日常运行。

  （38）A．例行操作　　B．响应支持　　C．优化改善　　D．调研评估

- 应用系统安全中的___（39）___是识别和修复系统漏洞的重要措施。

  （39）A．账号口令管理　　　　　　　B．漏洞管理

  　　　C．数据安全管理　　　　　　　D．端口管理

- 网络管理基础中，___（40）___是确保网络的可靠性和性能，这包括了对网络故障的快速响应和恢复。

  （40）A．网络管理目标　　　　　　　B．网络管理对象

  　　　C．网络管理标准　　　　　　　D．网络管理概述

- 在网络日常管理中，___（41）___需要特别注意的安全问题包括非法接入和数据泄露。

  （41）A．无线网管理　　B．局域网管理　　C．广域网管理　　D．互联网管理

- 网络安全领域中，___（42）___的核心是控制网络流量和保护内部网络不受外部攻击。

  （42）A．防火墙管理　　　　　　　　B．加解密与数字证书

  　　　C．入侵检测与防御　　　　　　D．网络攻防演练

- 数据中心管理中，___（43）___是确保数据中心安全运行的关键组成部分。

  （43）A．安全管理　　B．故障管理　　C．服务管控　　D．目标管理

- 机房基础设施管理中，___（44）___是确保数据中心稳定运行的关键。

  （44）A．例行操作　　B．响应支持　　C．优化改善　　D．调研评估

- 在桌面计算终端运维管理中，___（45）___是确保系统稳定性和高效运行的关键日常活动。

  （45）A．定期系统维护　　　　　　　B．用户支持服务

  　　　C．系统性能监控　　　　　　　D．定期安全审计

- 在移动计算终端运维管理中，___（46）___是确保数据安全和设备正常使用的重要措施。

  （46）A．数据加密和访问控制　　　　B．软件更新和补丁管理

  　　　C．用户行为监控　　　　　　　D．物理安全和防盗措施

- 在输入输出设备运维管理中，___(47)___是识别和修复设备问题的关键步骤。

  (47）A．日常巡检和预防性维护　　　　　B．故障诊断和紧急修复

  　　　C．性能监控和调优　　　　　　　　D．资产跟踪和生命周期管理

- 桌面与外设安全中，___(48)___是防止未授权访问和保护数据不被泄露的关键措施。

  (48）A．补丁管理　　　　　　　　　　　B．权限控制

  　　　C．上网审计　　　　　　　　　　　D．防病毒管理

- 安全管理体系中，___(49)___是组织建立和维护信息安全管理体系的基础。

  (49）A．管理体系概述　　　　　　　　　B．安全组织体系

  　　　C．主要管理内容　　　　　　　　　D．安全风险管理

- 安全风险管理中，___(50)___是识别和评估潜在风险对组织影响的过程。

  (50）A．原则与主要活动　　　　　　　　B．语境建立

  　　　C．风险评估　　　　　　　　　　　D．风险处置

- 安全策略管理中，___(51)___是指导组织信息安全活动的总体方向和原则。

  (51）A．方针与策略　　　　　　　　　　B．规划实施

  　　　C．管理要点　　　　　　　　　　　D．应急响应体系建立

- 应急响应管理中，___(52)___是组织在面对突发事件时预先制订的行动计划。

  (52）A．应急响应体系建立　　　　　　　B．应急响应演练

  　　　C．应急处置过程　　　　　　　　　D．重要活动应急保障

- 信息安全控制措施中，确保信息安全的基本手段是___(53)___，包括技术、人员和物理控制。

  (53）A．组织控制　　B．人员控制　　C．物理控制　　D．技术控制

- 在人力资源战略与计划中，___(54)___是预测未来人力资源需求和供给的过程。

  (54）A．人力资源供求预测　　　　　　　B．人力资源战略

  　　　C．人力资源计划的控制与评价　　　D．员工招聘的过程

- 团队的发展会经历五个阶段。"团队成员开始协同工作、团队成员开始相互信任，项目经理能得到团队的认可"，这是___(55)___的主要特征。

  (55）A．形成阶段　　B．震荡阶段　　C．规范阶段　　D．发挥阶段

- 在信息系统人员管理中，___(56)___是设计有效培训计划的关键起点。

  (56）A．员工技能评估与培训需求分析　　B．培训体系的构建与维护

  　　　C．培训成果的跟踪与反馈　　　　　D．职业生涯规划与发展路径设计

- 知识管理基础中，___(57)___是知识管理的核心目标，涉及知识的创造、分享和应用。

  (57）A．知识管理的目标与原则　　　　　B．知识价值链及流程

  　　　C．知识管理的主要类型　　　　　　D．知识管理的内涵与特征

- 交流与共享中，___(58)___是促进组织内部知识流动的关键活动。

  (58）A．知识交流　　　　　　　　　　　B．知识共享

  　　　C．知识层次　　　　　　　　　　　D．知识库模型构建

- 转移与运用中，___（59）___是分析知识转移过程中的影响因素和过程模型。

  （59）A. 影响因素 　　　　　　　　　　B. 过程模型
  　　　C. 层次与视角 　　　　　　　　　D. 协同与创新

- 标准化知识中，___（60）___是制定和维护标准的过程，确保IT管理活动的一致性和效率。

  （60）A. 标准制定 　　　　　　　　　　B. 标准体系
  　　　C. 标准的分类 　　　　　　　　　D. 主要标准

- 主要标准中，___（61）___涉及信息技术服务的质量和性能标准。

  （61）A. 信息技术服务标准 　　　　　　B. 系统与软件工程标准
  　　　C. 新一代信息技术标准 　　　　　D. 标准制定

- 职业素养中，___（62）___是指导专业人员行为的基本准则，包括职业道德和行为规范。

  （62）A. 职业道德 　　　　　　　　　　B. 行为规范
  　　　C. 法律概念 　　　　　　　　　　D. 法律体系

- 数据分析及应用中，___（63）___是将数据转换为可操作信息的关键技术。

  （63）A. 数据集成 　　　　　　　　　　B. 数据挖掘
  　　　C. 数据服务 　　　　　　　　　　D. 数据可视化

- 在系统架构中，___（64）___是架构规划与设计的重要参考。

  （64）A. 架构定义 　　　　　　　　　　B. 架构分类
  　　　C. 价值驱动的体系结构 　　　　　D. 常用架构模式

- IT治理体系中，___（65）___是确保IT治理有效性的关键环节。

  （65）A. 治理框架的建立 　　　　　　　B. 治理政策的执行
  　　　C. 治理效果的评估 　　　　　　　D. 治理风险的管理

- IT服务质量管理中，___（66）___是衡量IT服务质量的定量方法之一。

  （66）A. IT服务质量管理过程 　　　　　B. IT服务质量评价模型
  　　　C. 常见运维服务质量管理活动 　　D. 服务水平协议

- 在实施交付阶段，___（67）___是确保项目顺利进行的关键活动。

  （67）A. 产品测试 　　　　　　　　　　B. 客户沟通
  　　　C. 安装部署并交付 　　　　　　　D. 文档编制

- 云服务规划中，___（68）___是确保云服务能够满足业务连续性需求的管理活动。

  （68）A. 云架构管理 　　　　　　　　　B. 云服务产品管理
  　　　C. 业务连续性管理 　　　　　　　D. 资源池管理

- 应用系统安全中的___（69）___是识别和修复系统漏洞的重要措施。

  （69）A. 账号口令管理 　　　　　　　　B. 漏洞管理
  　　　C. 数据安全管理 　　　　　　　　D. 端口管理

- 数据中心管理中，___（70）___是确保数据中心安全运行的关键组成部分。

  （70）A. 安全管理　　B. 故障管理　　C. 服务管控　　D. 目标管理

- In the monitoring process group of project management, ＿＿（71）＿＿ is a key activity to ensure the achievement of project objectives.

　　（71）A．control project scope　　　　B．control project cost
　　　　　C．control project quality　　　　D．overall change control

- In desktop and peripheral security management,＿＿（72）＿＿ is an important measure to ensure the compliance of device usage.

　　（72）A．patch management　　　　　B．permission control
　　　　　C．internet auditing　　　　　　D．antivirus management

- In the software development process management, ＿＿（73）＿＿ is an important phase in the software development life cycle, involving the transformation of requirements into design.

　　（73）A．requirements analysis　　　　B．system design
　　　　　C．coding implementation　　　　D．testing and verification

- In the cloud computing architecture,＿＿（74）＿＿ service model allows users to access a complete virtual computing environment over the Internet, including operating systems, applications, storage, and network resources.

　　（74）A．Infrastructure as a Service (IaaS)　　B．Platform as a Service (PaaS)
　　　　　C．Software as a Service (SaaS)　　　　D．Database as a Service (DBaaS)

- In information system operations management,＿＿（75）＿＿ is an important metric for measuring the quality of operations and maintenance services.

　　（75）A．service response time　　　　B．service resolution time
　　　　　C．service availability　　　　　D．service cost effectiveness

信息系统管理工程师机考试卷　第1套
应用技术卷

试题一（15分）

　　阅读下列说明，回答【问题1】至【问题3】。

　　【说明】某数据中心以提升运维效能为目标，参考业界先进的运维能力模型，结合自身实际情况，构建了一套全面的运维管理体系。该体系注重运维人员的管理与培训，确保团队专业且高效；同时，优化运维过程，建立了一系列规范的管理流程；在资源管理上，充分利用运维工具、备件库等资源，结合运维数据和知识库，为运维工作提供有力支持；此外，数据中心还积极投入于运维技术的研发和创新，不断提升运维效率。为确保运维工作的持续改进，数据中心采用了PDCA（策划—实施—检查—改进）循环模式。

　　【问题1】（4分）
　　数据中心在构建运维管理体系时主要参考了什么模型？
　　【问题2】（6分）
　　数据中心为确保运维工作的持续改进采取了哪些措施？
　　【问题3】（5分）
　　数据中心在运维资源和技术管理上有哪些亮点？

试题二（15分）

　　阅读下列说明，回答【问题1】至【问题3】。

　　【说明】你是一名IT公司的网络管理员，近期需加强机房与网络系统管理，确保系统稳定运行，数据安全。核心任务包括：明确管理目标，涵盖稳定运行、性能提升、资源优化及安全保障。制订并执行管理计划，确保目标达成。管理带宽、地址及虚拟资源，合理分配带宽，避免拥塞；严格管理IP地址，防止冲突；高效利用虚拟资源，提升灵活性。强化网络安全，加强防火墙管理，监控通信，过滤恶意流量；实施访问控制，限制不当访问；定期安全审计，确保无漏洞。运用入侵检测、网络攻防演练等手段，提升安全水平。需细致规划并执行，确保机房与网络系统高效、安全、稳定运行。

　　【问题1】（6分）
　　如何制订并执行有效的机房与网络系统管理计划，以确保系统稳定运行，同时保障数据安全？

【问题2】（3分）

关于资源管理，以下说法是否正确？

（1）在管理机房与网络系统时，带宽资源的管理并不重要，因为网络设备能自动适应流量变化。（　　）

（2）地址资源管理仅涉及确保 IP 地址的唯一性，无须过多规划和监控。（　　）

（3）虚拟资源管理主要是分配和回收虚拟机，无须考虑与其他资源的协同和效率。（　　）

【问题3】（6分）

在网络安全方面，你将如何加强防火墙管理，提升整体安全水平？请列出具体的安全措施。

试题三（15分）

阅读下列说明，回答【问题1】至【问题3】。

【说明】 某大型互联网公司近期频繁遭遇信息安全事件，如数据泄露和网络攻击，导致公司业务受损，客户信任度下降。为应对这一严峻形势，公司高层决定全面加强信息安全管理，确保公司信息资产的安全。

为此，公司首先成立了专门的信息安全管理部门，并明确了各部门的职责和分工。同时，制定了详细的信息安全管理制度和流程，以确保信息安全工作的规范化和标准化。

在风险管理方面，公司进行了全面的风险评估，识别出了潜在的信息安全威胁和风险点。针对这些风险，公司制订了相应的风险处置措施，并建立了风险监控和评审机制，以确保风险得到及时有效的控制。

【问题1】（6分）

根据材料，分析该公司在信息安全管理体系构建中的主要做法有哪些？

【问题2】（5分）

你认为该公司在信息安全风险管理方面还有哪些可以改进的地方？

【问题3】（4分）

结合实际，谈谈你对信息安全控制措施中"技术控制"的理解，并给出具体的应用实例。

试题四（15分）

阅读下列说明，回答【问题1】至【问题3】。

【说明】 某企业计划构建一套全新的信息系统，以提升业务处理效率和数据管理能力。在构建过程中，企业充分考虑了信息系统的架构设计和规划，以确保系统能够满足当前及未来的业务需求。

企业首先明确了信息系统的指导思想，即以提高业务处理效率、保障数据安全、支持业务创新为目标。在此基础上，企业制订了详细的设计原则，包括模块化设计、可扩展性、高可用性等。同时，企业还设定了明确的建设目标，包括提升系统性能、优化用户体验、降低运维成本等。

在架构分类上，企业选择了分层架构作为系统的基本架构模式，以确保系统的层次清晰、职责分明。在应用架构上，企业采用了微服务架构，将系统拆分为多个独立的服务，以提高系统的可扩展性和可维护性。在数据架构上，企业设计了统一的数据模型和数据存储策略，以确保数据的完整性和一致性。

此外，企业还充分考虑了网络架构和安全架构的设计。在网络架构上，企业采用了先进的网络技术和设备，构建了高效、稳定的网络环境。在安全架构上，企业设计了多层次的安全防护措施，包括网络安全、系统安全、数据安全等，以确保系统的安全性。

【问题1】（4分）

根据材料，分析该企业在信息系统架构设计中的主要指导思想是什么？并列举出至少两项设计原则。

【问题2】（6分）

请解释分层架构和微服务架构在信息系统中的应用及其优势。

【问题3】（5分）

结合材料，谈谈你对信息系统安全架构设计的理解，并给出至少两项安全防护措施。

试题五（15分）

阅读下列说明，回答【问题1】至【问题3】。

【说明】某电商企业为了提升数据驱动决策的能力，决定加强数据管理工作。企业首先进行了数据管理能力的自我评估，发现数据采集、存储、处理及安全方面存在不足。随后，企业引入了先进的数据管理框架，并设立了专门的数据管理部门，明确了数据管理职责和绩效指标。同时，企业还加强了数据预处理、数据备份与容灾、数据安全管理等方面的工作，以确保数据的准确性、一致性和安全性。

【问题1】（4分）

根据材料，分析该企业在数据管理上存在的主要问题。

【问题2】（6分）

列举出该企业在加强数据管理方面所采取的主要措施。

【问题3】（5分）

谈谈你对数据安全管理的理解，并给出该企业在数据安全方面的具体做法。

信息系统管理工程师机考试卷 第1套
基础知识卷参考答案与试题解析

（1）**参考答案**：D

试题解析 人工智能的主要应用领域包括智能机器人（选项A）、语音识别（选项B）、自动驾驶（选项C）等多个方面。这些应用领域展示了人工智能技术的多样性和广泛性，因此选项D是正确答案。

（2）**参考答案**：D

试题解析 城市物联网的主要作用包括提高城市管理效率（选项A）、促进城市经济发展（选项B）和改善城市居民生活质量（选项C）。这些作用共同构成了城市物联网的全面影响，因此选项D是正确答案。

（3）**参考答案**：C

试题解析 工业现代化的核心在于推动工业技术创新，这涉及新技术的研究、开发和应用，以提高生产效率和产品质量。提高工业生产自动化水平（选项A）和实现工业生产的绿色化（选项B）是工业现代化的一部分，但它们不是核心。优化工业产业布局（选项D）虽然重要，但不是推动工业现代化的核心。

（4）**参考答案**：D

试题解析 数字化转型中，转型成熟度模型是用于评估企业数字化转型进展的工具，它帮助企业识别在数字化转型过程中的强项和弱项。业务流程再造（选项A）、组织结构调整（选项B）和技术平台升级（选项C）都是数字化转型的关键组成部分，但它们不是评估转型进展的主要工具。

（5）**参考答案**：A

试题解析 计算机软硬件发展的关键因素是半导体技术的进步，因为半导体技术直接影响处理器的性能和整个系统的效能。软件工程的创新（选项B）、网络技术的普及（选项C）和用户需求的变化（选项D）虽然也对计算机软硬件发展有影响，但半导体技术的进步是基础和关键的推动力。

（6）**参考答案**：A

试题解析 物联网的主要功能之一是实现物品的智能识别和跟踪，这通过传感器和网络技术实现物品的实时监控和管理。提供大数据分析服务（选项B）、实现云计算资源的分配（选项C）和提供区块链技术的应用（选项D）虽然是物联网的应用，但不是其核心功能。

（7）参考答案：C

▶试题解析　大数据的价值体现在数据的分析和洞察上，通过分析大量数据来发现模式、趋势和关联，从而为决策提供支持。数据的存储（选项A）、数据的处理（选项B）和数据的传输（选项D）虽然是大数据的处理环节，但分析和洞察是大数据的核心价值所在。

（8）参考答案：B

▶试题解析　信息化基础的核心在于信息资源的开发和利用，这是因为信息资源是信息化过程中最为关键的资产。信息技术的应用（选项A）是实现信息资源开发利用的手段之一，信息产业的发展（选项C）是信息化进程中的一个结果，而信息安全保障（选项D）是确保信息资源安全的重要措施，但它们都不是信息化基础的关键组成部分。

（9）参考答案：C

▶试题解析　在信息系统架构设计中，可维护性是最重要的原则之一，它确保系统在运行过程中可以容易地进行维护和升级。模块化设计（选项A）、可重用性（选项B）和性能优化（选项D）也是设计原则，但可维护性对于信息系统的长期运行至关重要。

（10）参考答案：B

▶试题解析　架构定义中的关键要素是架构的组件和连接，它们定义了系统的结构和组件之间的相互作用。架构的风格和模式（选项A）、架构的约束和权衡（选项C）和架构的版本和迭代（选项D）虽然也是架构定义的一部分，但组件和连接是架构定义的核心。

（11）参考答案：C

▶试题解析　在应用架构中，分层分组的主要目的是降低系统的复杂性，通过将系统分解为更小、更易于管理的部分来实现。提高系统的可扩展性（选项A）、增强系统的安全性（选项B）和提升系统的响应速度（选项D）虽然是分层分组的好处，但降低复杂性是其主要目的。

（12）参考答案：A

▶试题解析　技术架构中，架构案例分析时需要考虑的重要因素之一是技术选型，它直接影响系统的性能和成本。成本预算（选项B）、用户需求（选项C）和市场趋势（选项D）虽然也重要，但技术选型是基础和关键的决策。

（13）参考答案：C

▶试题解析　IT治理体系中，确保IT治理有效性的关键环节是治理效果的评估，它可以帮助组织了解治理措施的效果并进行必要的调整。治理框架的建立（选项A）、治理政策的执行（选项B）和治理风险的管理（选项D）虽然是IT治理的一部分，但评估是检验治理效果的关键。

（14）参考答案：B

▶试题解析　在IT治理关键域中，顶层设计的核心内容是技术架构规划，它涉及整个组织的技术方向和架构决策。业务流程优化（选项A）、组织文化建设（选项C）和人力资源管理（选项D）虽然是顶层设计的内容，但技术架构规划是核心。

（15）参考答案：A

▶试题解析　IT服务业的特征体现在其服务的无形性、即时性和易逝性，这意味着服务一旦提供，就无法再被存储或转售。可预测性（选项B）、可复制性（选项C）和可存储性（选项D）虽然是服务的特征，但易逝性是IT服务的显著特点。

（16）**参考答案**：B

🎧**试题解析** IT服务生命周期中，设计实现阶段是服务从概念到实施的转换过程，涉及将服务设计转化为实际的产品和服务。战略规划（选项A）、运营提升（选项C）和监督管理（选项D）虽然是IT服务生命周期的阶段，但设计实现是概念实现的关键阶段。

（17）**参考答案**：B

🎧**试题解析** IT服务质量评价模型是衡量IT服务质量的关键指标之一，它提供了评估服务性能的标准和方法。IT服务质量管理过程（选项A）、常见运维服务质量管理活动（选项C）和服务水平协议（选项D）虽然是IT服务质量管理的一部分，但评价模型是衡量服务质量的主要工具。

（18）**参考答案**：B

🎧**试题解析** 在软件需求的层次结构中，需求分析阶段的主要输出是需求规格说明书，它详细描述了软件的需求和功能。需求获取（选项A）、需求确认（选项C）和需求变更（选项D）虽然是需求管理的活动，但需求规格说明书是需求分析的主要成果。

（19）**参考答案**：B

🎧**试题解析** 在软件设计中，面向对象设计的核心概念是类和对象，它们是构建软件系统的基本构建块。模块（选项A）、函数（选项C）和过程（选项D）虽然是软件设计的概念，但类和对象是面向对象设计的核心。

（20）**参考答案**：B

🎧**试题解析** 软件实现阶段，软件测试的主要目的是确保软件满足需求规格，通过测试来验证软件的功能和性能是否符合预期。提高代码的运行速度（选项A）、减少软件的内存占用（选项C）和提升用户体验（选项D）虽然是软件测试的目的，但确保满足需求规格是最主要的目的。

（21）**参考答案**：B

🎧**试题解析** 全过程管理关注中，软件质量管理是关键组成部分，涉及软件质量的控制和提升。软件配置管理（选项A）、工具管理（选项C）和开源管理（选项D）虽然是全过程管理的内容，但软件质量管理是核心。

（22）**参考答案**：A

🎧**试题解析** 在需求分析与转化阶段，开发技术需求的主要目的是确保技术可行性，以保证项目的技术方案是可行的。降低开发成本（选项B）、提高用户满意度（选项C）和加速开发进程（选项D）虽然是技术需求考虑的因素，但确保技术可行性是首要目的。

（23）**参考答案**：B

🎧**试题解析** 设计开发过程中，开发详细设计是实现设计的关键步骤之一，它将设计概念具体化为详细的技术方案。选择和开发备选解决方案（选项A）、实现设计（选项C）和准备产品集成（选项D）虽然是设计开发的过程，但详细设计是将概念转化为可实施的方案的关键步骤。

（24）**参考答案**：A

🔔**试题解析**　在验证与确认阶段，准备评估是执行验证与确认的前提，它包括了对验证与确认活动的所有准备工作。执行验证与确认（选项 B）、技术管理（选项 C）和资源管理（选项 D）虽然是验证与确认的活动，但准备评估是开始这些活动的基础。

(25) **参考答案**：A

🔔**试题解析**　运维能力模型中，策划是运维能力管理的基础，它涉及对运维活动的计划和安排。实施（选项 B）、检查（选项 C）和改进（选项 D）虽然是运维能力管理的活动，但策划是起始步骤。

(26) **参考答案**：A

🔔**试题解析**　在运维人员管理中，人员储备是确保团队稳定性和服务质量的基础，它确保有足够的人力资源来应对运维需求。岗位结构（选项 B）、服务级别管理（选项 C）和服务报告管理（选项 D）虽然是人员管理的内容，但人员储备是确保团队稳定性的关键。

(27) **参考答案**：D

🔔**试题解析**　运维过程中，可用性和连续性管理是确保服务连续性的重要环节，它涉及确保服务的高可用性和在出现问题时的快速恢复。事件管理（选项 A）、问题管理（选项 B）和配置管理（选项 C）虽然是运维管理的活动，但可用性和连续性管理是确保服务连续性的核心。

(28) **参考答案**：C

🔔**试题解析**　运维资源中，备件库是快速响应和解决问题的重要保障，它确保有足够的备件来快速替换故障部件。运维工具（选项 A）、服务台（选项 B）和运维数据（选项 D）虽然是运维资源，但备件库对于快速恢复服务至关重要。

(29) **参考答案**：B

🔔**试题解析**　运维技术中，运维技术研发是推动运维创新的关键，它涉及开发新的技术和工具来提高运维效率和质量。技术研发管理（选项 A）、运维技术应用（选项 C）和智能运维场景实现（选项 D）虽然是运维技术的内容，但研发是推动创新的核心。

(30) **参考答案**：A

🔔**试题解析**　智能运维中，框架与特征是实现智能运维的基础，它定义了智能运维的架构和关键特性。能力域和能力项（选项 B）、智能运维场景实现（选项 C）和运维知识（选项 D）虽然是智能运维的内容，但框架与特征是构建智能运维体系的基石。

(31) **参考答案**：A

🔔**试题解析**　云服务对数据中心带来的主要影响之一是提高了能源效率。云服务通过虚拟化技术和资源池化，优化资源分配，减少能源浪费。选项 B、C、D 虽然也是数据中心变革的一些方面，但能源效率的提升是云服务直接影响的结果。

(32) **参考答案**：D

🔔**试题解析**　服务计费管理通常不是云服务运营框架的组成部分，而是财务管理的一部分。服务目录管理（选项 A）、服务水平管理（选项 B）和服务报告管理（选项 C）都是云服务运营框架的关键组成部分，涉及服务的提供和监控。

（33）**参考答案**：C

✦**试题解析**　在云运维中，服务运行是确保服务顺利进行的关键活动，包括监控服务状态和性能，确保服务连续性和稳定性。服务发布管理（选项 A）和服务开通管理（选项 B）是服务运行前的活动，而满意度管理（选项 D）是服务运行后的评价活动。

（34）**参考答案**：A

✦**试题解析**　资源部署与回收是资源供应与任务管理的重要组成部分。资源部署是指根据用户需求分配和配置云资源，而资源回收则是指在资源不再使用时，将其释放回资源池，以便重新分配。这两个过程是确保云资源高效利用的关键。虽然动态管理（选项 B）是云资源管理的一个重要特性，但它更多地涉及资源的动态调整和优化，而不是资源供应与任务管理的核心组成部分。资源监控与优化（选项 C）是云资源管理的重要环节，但主要侧重于监控资源的使用情况并进行优化，而不是资源供应与任务管理的核心组成部分。计划操作（选项 D）更多地涉及资源的预先规划和安排，而不是资源供应与任务管理的核心组成部分。

（35）**参考答案**：C

✦**试题解析**　云信息安全中，资源安全是保护云资源不受未授权访问的关键措施，包括数据加密、访问控制等。安全制度（选项 A）和架构安全（选项 B）是云信息安全的其他方面，而操作安全（选项 D）涉及操作过程中的安全措施。

（36）**参考答案**：B

✦**试题解析**　在项目管理的启动过程组中，制定项目章程是项目正式启动前的重要文档，它定义了项目的目的、范围和资源。立项管理（选项 A）是项目章程制定前的活动，识别干系人（选项 C）和项目启动会议（选项 D）是项目章程制定后的活动。

（37）**参考答案**：B

✦**试题解析**　规划过程组中，估算项目成本是项目管理计划的一部分，涉及项目成本的预估和预算制订。制订项目管理计划（选项 A）是规划过程组的总体活动，识别项目风险（选项 C）和规划质量管理（选项 D）也是规划过程组的重要活动，但估算项目成本是成本管理的核心。

（38）**参考答案**：A

✦**试题解析**　在应用系统管理中，例行操作是运行维护的基础工作，确保系统日常运行。响应支持（选项 B）、优化改善（选项 C）和调研评估（选项 D）虽然是运行维护的活动，但例行操作是日常维护的核心。

（39）**参考答案**：B

✦**试题解析**　应用系统安全中的漏洞管理是识别和修复系统漏洞的重要措施，涉及定期扫描、识别和修补系统漏洞。账号口令管理（选项 A）、数据安全管理（选项 C）和端口管理（选项 D）也是应用系统安全的重要方面，但漏洞管理是针对系统漏洞的具体管理措施。

（40）**参考答案**：A

✦**试题解析**　网络管理基础中，网络管理目标是确保网络的可靠性和性能，这包括了对网络故障的快速响应和恢复。网络管理对象（选项 B）、网络管理标准（选项 C）和网络管理概述（选项 D）虽然是网络管理的基础，但网络管理目标是指导网络管理的核心。

（41）参考答案：A

📕试题解析　在网络日常管理中，无线网管理需要特别注意的安全问题包括非法接入和数据泄露。无线网络由于其开放性，更容易受到安全威胁。局域网管理（选项 B）、广域网管理（选项 C）和互联网管理（选项 D）虽然也有安全问题，但无线网管理在这方面更为关键。

（42）参考答案：A

📕试题解析　网络安全领域中，防火墙管理的核心是控制网络流量和保护内部网络不受外部攻击。防火墙是网络安全的第一道防线，负责过滤网络流量。加解密与数字证书（选项 B）、入侵检测与防御（选项 C）和网络攻防演练（选项 D）也是网络安全的重要方面，但防火墙管理是基础和关键的网络安全措施。

（43）参考答案：A

📕试题解析　数据中心管理中，安全管理是确保数据中心安全运行的关键组成部分，包括物理安全、网络安全和数据安全。故障管理（选项 B）、服务管控（选项 C）和目标管理（选项 D）虽然是数据中心管理的活动，但安全管理是数据中心稳定运行的基石。

（44）参考答案：A

📕试题解析　机房基础设施管理中，例行操作是确保数据中心稳定运行的关键，包括日常检查、维护和监控。响应支持（选项 B）、优化改善（选项 C）和调研评估（选项 D）虽然是机房基础设施管理的活动，但例行操作是基础和日常的管理任务。

（45）参考答案：A

📕试题解析　定期系统维护是桌面计算终端运维管理中的核心活动，它包括更新软件、备份数据和检查硬件等任务，这些是保持系统稳定和高效运行的基础。用户支持服务（选项 B）主要针对用户问题提供帮助，系统性能监控（选项 C）关注系统运行状态，而定期安全审计（选项 D）侧重于系统安全评估，这些都是运维的一部分，但不如定期系统维护那样日常和基础。

（46）参考答案：B

📕试题解析　在移动计算终端运维管理中，确保数据安全和设备正常使用的重要措施之一是软件更新和补丁管理。这包括定期检查和安装操作系统、应用程序和安全软件的最新更新和补丁，以修复已知的安全漏洞和性能问题。数据加密和访问控制（选项 A）是保护数据不被未授权访问的关键措施，用户行为监控（选项 C）有助于识别潜在的安全威胁，物理安全和防盗措施（选项 D）则涉及防止设备丢失或被盗，这些都是重要的安全措施，但软件更新和补丁管理对于保持设备的正常运行和安全性至关重要。

（47）参考答案：B

📕试题解析　在输入输出设备运维管理中，识别和修复设备问题的关键步骤是故障诊断和紧急修复。这一步骤涉及对设备进行系统的检查，以确定故障原因，并采取必要的措施来修复问题，以最小化对业务运营的影响。日常巡检和预防性维护（选项 A）有助于预防故障的发生，性能监控和调优（选项 C）关注于保持设备的最佳性能，资产跟踪和生命周期管理（选项 D）涉及设备的整个使用周期，包括采购、使用和淘汰。虽然这些都是输入输出设备运维管理的重要组成部分，但故障诊断和紧急修复是直接针对设备问题的解决步骤。

（48）**参考答案**：D

试题解析 桌面与外设安全中，防病毒管理是防止未授权访问和保护数据不被泄露的关键措施，包括定期扫描病毒和恶意软件。补丁管理（选项 A）、权限控制（选项 B）和上网审计（选项 C）也是桌面与外设安全的重要方面，但防病毒管理是针对病毒和恶意软件的具体防护措施。

（49）**参考答案**：A

试题解析 安全管理体系中，管理体系概述是组织建立和维护信息安全管理体系的基础，包括管理体系的原则、框架和过程。安全组织体系（选项 B）、主要管理内容（选项 C）和安全风险管理（选项 D）虽然是安全管理体系的组成部分，但管理体系概述为构建安全管理体系提供了总体指导。

（50）**参考答案**：C

试题解析 安全风险管理中，风险评估是识别和评估潜在风险对组织影响的过程，是风险管理的核心环节。原则与主要活动（选项 A）、语境建立（选项 B）和风险处置（选项 D）虽然是安全风险管理的活动，但风险评估是确定风险优先级和制订应对措施的关键步骤。

（51）**参考答案**：A

试题解析 安全策略管理中，方针与策略是指导组织信息安全活动的总体方向和原则。它们定义了组织的安全目标和方法，确保所有安全措施与组织的业务目标一致。规划实施（选项 B）、管理要点（选项 C）和应急响应体系建立（选项 D）是信息安全管理的其他重要方面，但方针与策略是制订这些措施的基础。

（52）**参考答案**：C

试题解析 应急响应管理中，应急处置过程是组织在面对突发事件时预先制订的行动计划的核心部分。它详细描述了在紧急情况下应采取的具体步骤和措施。应急响应体系建立（选项 A）、应急响应演练（选项 B）和重要活动应急保障（选项 D）是应急响应管理的其他组成部分，但应急处置过程是实际应对紧急事件的关键。

（53）**参考答案**：A

试题解析 信息安全控制措施中，组织控制是确保信息安全的基本手段之一，涉及制定和实施安全政策、程序和标准。人员控制（选项 B）、物理控制（选项 C）和技术控制（选项 D）也是信息安全控制的重要方面，但组织控制为这些控制措施提供了框架和指导。

（54）**参考答案**：A

试题解析 在人力资源战略与计划中，人力资源供求预测是预测未来人力资源需求和供给的过程。它帮助组织规划招聘、培训和人力资源配置。人力资源战略（选项 B）、人力资源计划的控制与评价（选项 C）和员工招聘的过程（选项 D）是人力资源管理的其他重要方面，但供求预测是制订人力资源战略的基础。

(55) 参考答案：C

✦试题解析 团队发展的五个阶段通常包括形成阶段、震荡阶段、规范阶段、发挥阶段和解散阶段。在规范阶段，团队成员开始协同工作，相互之间的关系变得更加紧密，信任感增强，团队规范和角色分工变得更加明确。形成阶段是团队成员初次聚集，开始了解彼此和项目目标的阶段；震荡阶段是团队成员在角色和责任上可能发生冲突的阶段；发挥阶段则是团队高效运作，能够自我管理并达成目标的阶段。因此，根据题目描述的特征，规范阶段是正确的选项。

(56) 参考答案：A

✦试题解析 在信息系统人员管理中，员工技能评估与培训需求分析（选项A）是确定培训需求和规划培训内容的基础。这一步骤涉及识别员工当前的技能水平、知识差距以及未来职业发展的需求，从而为制订有效的培训计划提供依据。相比之下，培训体系的构建与维护（选项B）关注的是培训活动的组织和管理；培训成果的跟踪与反馈（选项C）侧重于评估培训效果并进行调整；职业生涯规划与发展路径设计（选项D）则涉及员工的长期职业发展。因此，员工技能评估与培训需求分析是信息系统人员管理中最关键的起始步骤。

(57) 参考答案：A

✦试题解析 知识管理基础中，知识管理的目标与原则是知识管理的核心目标，涉及知识的创造、分享和应用。这些目标和原则指导组织如何管理和利用知识资源以提高效率和创新能力。知识价值链及流程（选项B）、知识管理的主要类型（选项C）和知识管理的内涵与特征（选项D）是知识管理的其他重要概念，但目标与原则是知识管理实践的基础。

(58) 参考答案：B

✦试题解析 交流与共享中，知识共享是促进组织内部知识流动的关键活动。它涉及鼓励和促进员工之间的知识交流，以提高组织的知识水平和解决问题的能力。知识交流（选项A）、知识层次（选项C）和知识库模型构建（选项D）是知识管理的其他重要方面，但知识共享是实现知识交流的主要目的。

(59) 参考答案：B

✦试题解析 转移与运用中，过程模型是分析知识转移过程中的影响因素和过程模型的关键。它涉及理解知识如何在组织内部流动和应用，以及如何通过这个过程提高组织效能。影响因素（选项A）、层次与视角（选项C）和协同与创新（选项D）是知识转移的其他重要方面，但过程模型提供了一个框架来理解和优化知识转移。

(60) 参考答案：A

✦试题解析 标准化知识中，标准制定是制定和维护标准的过程，确保IT管理活动的一致性和效率。标准体系（选项B）、标准的分类（选项C）和主要标准（选项D）是标准化的其他重要方面，但标准制定是创建和更新标准的核心活动。

(61) 参考答案：A

✦试题解析 主要标准中，信息技术服务标准涉及信息技术服务的质量和性能标准。这些标准帮助组织评估和改进其IT服务的效率和效果。系统与软件工程标准（选项B）、新一代信息技术标准（选项 C）和标准制定（选项 D）是 IT 领域其他重要的标准，但信息技术服务标准特别关注服务管理和交付。

（62）**参考答案**：A

试题解析 职业素养中，职业道德是指导专业人员行为的基本准则之一，涉及个人在职业环境中的行为和决策。行为规范（选项 B）、法律概念（选项 C）和法律体系（选项 D）也是职业素养的重要组成部分，但职业道德是职业行为的核心原则。

（63）**参考答案**：B

试题解析 数据分析及应用中，数据挖掘是将数据转换为可操作信息的关键技术之一。它涉及使用算法和统计方法从大量数据中发现模式和趋势。数据集成（选项 A）、数据服务（选项 C）和数据可视化（选项 D）是数据分析的其他重要方面，但数据挖掘是深入分析和理解数据的核心技术。

（64）**参考答案**：C

试题解析 在系统架构中，价值驱动的体系结构是架构规划与设计的重要参考。它强调在架构设计中考虑业务价值和目标，确保技术解决方案与业务需求一致。架构定义（选项 A）、架构分类（选项 B）和常用架构模式（选项 D）是系统架构的其他重要方面，但价值驱动的体系结构将业务价值放在首位。

（65）**参考答案**：C

试题解析 IT 治理体系中，治理效果的评估是确保 IT 治理有效性的关键环节。它涉及评估 IT 治理措施的效果，并根据这些评估调整治理策略。治理框架的建立（选项 A）、治理政策的执行（选项 B）和治理风险的管理（选项 D）是 IT 治理的其他重要方面，但治理效果的评估是检验和改进治理实践的关键。

（66）**参考答案**：B

试题解析 IT 服务质量管理中，IT 服务质量评价模型是衡量 IT 服务质量的定量方法之一。它提供了一套评估 IT 服务性能的标准和指标。IT 服务质量管理过程（选项 A）、常见运维服务质量管理活动（选项 C）和服务水平协议（选项 D）是 IT 服务质量管理的其他重要方面，但评价模型是量化服务质量的主要工具。

（67）**参考答案**：C

试题解析 在实施交付阶段，安装部署并交付是确保项目顺利进行的关键活动。它涉及将项目成果实际部署到生产环境中，并确保客户能够使用这些成果。产品测试（选项 A）、客户沟通（选项 B）和文档编制（选项 D）是项目实施的其他重要步骤，但安装部署并交付是实现项目价值的最后一步。

（68）**参考答案**：C

试题解析 云服务规划中，业务连续性管理是确保云服务能够满足业务连续性需求的管理活动。它涉及制订和实施策略以确保在发生故障或其他中断时业务能够持续运行。云架构管理（选项 A）、云服务产品管理（选项 B）和资源池管理（选项 D）是云服务规划的其他重要方面，但业务连续性管理是确保服务稳定性和可靠性的关键。

(69) 参考答案：B

试题解析 应用系统安全中的漏洞管理是识别和修复系统漏洞的重要措施。它涉及定期扫描系统以发现安全漏洞，并采取措施修补这些漏洞。账号口令管理（选项A）、数据安全管理（选项C）和端口管理（选项D）是应用系统安全的其他重要方面，但漏洞管理是预防和减少安全威胁的关键。

(70) 参考答案：A

试题解析 数据中心管理中，安全管理是确保数据中心安全运行的关键组成部分。它包括物理安全、网络安全和数据安全等多个方面，以保护数据中心免受各种威胁。故障管理（选项B）、服务管控（选项C）和目标管理（选项D）虽然是数据中心管理的活动，但安全管理是数据中心稳定运行的基石。

(71) 参考答案：D

试题解析 在项目管理监控过程中，整体变更控制是确保实现项目目标的关键活动。整体变更控制（选项D）涉及对项目范围、成本、时间、质量等多个方面的变更进行管理，确保所有变更都经过适当的审批流程，以维持项目目标的一致性和项目的完整性。其他选项包括控制项目范围（选项A）、控制项目成本（选项B）和控制项目质量（选项C）。

(72) 参考答案：B

试题解析 在桌面和外围设备安全管理中，权限控制是确保设备使用合规的重要措施。权限控制（选项B）通过精细的权限管理，限制用户对敏感数据和关键系统的访问，从而保护信息安全，防止未授权访问。其他选项包括补丁管理（选项A）、互联网审计（选项C）和反病毒管理（选项D）。

(73) 参考答案：B

试题解析 在软件开发过程管理中，系统设计是软件开发生命周期中的关键阶段，涉及将需求转化为具体的设计。系统设计（选项B）包括架构设计、接口设计和详细设计，为后续的编码和测试奠定基础。其他选项包括需求分析（选项A）、编码实现（选项C）和测试与验证（选项D）。

(74) 参考答案：A

试题解析 在云计算架构中，基础设施即服务模型允许用户通过互联网访问完整的虚拟计算环境，包括操作系统、应用程序、存储和网络资源。基础设施即服务（选项A）提供虚拟化的计算资源，用户可以在这些资源上安装和运行任何操作系统和应用程序。其他选项包括平台即服务（选项B）、软件即服务（选项C）和数据库即服务（选项D）。

(75) 参考答案：C

试题解析 在信息系统运维管理中，服务可用性是衡量运维服务质量的重要指标。服务可用性（选项C）指的是服务在需要时的可用程度，包括系统的稳定性、可靠性和故障恢复能力，这些都是衡量运维服务质量的关键因素。高可用性的服务意味着用户可以持续依赖该服务，从而提高用户满意度和业务连续性。其他选项包括服务响应时间（选项A）、服务解决时间（选项B）和服务成本效益（选项D）。

信息系统管理工程师机考试卷 第1套
应用技术卷参考答案与试题解析

试题一

【问题1】

参考答案 数据中心在构建运维管理体系时,主要参考了业界先进的运维能力模型。

试题解析 数据中心在构建运维管理体系的过程中,并没有盲目地进行,而是选择了参考业界先进的运维能力模型。这一模型是业界公认的有效框架,能够帮助数据中心系统地规划和实施运维管理。通过参考这一模型,数据中心能够结合自身实际情况,构建出既符合行业标准又具有自身特色的运维管理体系。

【问题2】

参考答案 数据中心为确保运维工作的持续改进,采取了以下措施:①构建了全面的运维管理体系,注重运维人员的管理与培训,确保团队专业且高效;②优化运维过程,建立了一系列规范的管理流程,提升运维效率;③采用了 PDCA(策划—实施—检查—改进)循环模式,不断检查和改进运维工作。

试题解析 数据中心为确保运维工作的持续改进,采取了多项措施。首先,构建了全面的运维管理体系,这一体系不仅注重运维工作的具体实施,还强调了对运维人员的管理和培训,确保团队的专业性和高效性。其次,通过优化运维过程,建立了一系列规范的管理流程,进一步提升了运维效率。最后,数据中心采用了 PDCA 循环模式,这是一个持续改进的过程,通过不断地策划、实施、检查和改进,确保运维工作能够持续不断地提升和优化。

【问题3】

参考答案 数据中心在运维资源和技术管理上的亮点包括:①充分利用运维工具、备件库等资源,为运维工作提供有力的支持;②结合运维数据和知识库,提升运维工作的效率和质量;③积极投入于运维技术的研发和创新,不断提升运维效率。

试题解析 数据中心在运维资源和技术管理上表现出色,具有多个亮点。首先,数据中心充分利用了运维工具和备件库等资源,这些资源为运维工作提供了有力的支持,确保了运维工作的顺利进行。其次,数据中心结合了运维数据和知识库,通过分析和利用这些数据,能够更准确地定位问题、制订解决方案,从而提升运维工作的效率和质量。最后,数据中心还积极投入于运维技术的研发和创新,通过不断地探索和实践,不断提升了运维效率,为数据中心的发展提供了有力的保障。

试题二

【问题1】

参考答案 明确管理目标、制订管理计划、执行与监督。

试题解析 制订并执行有效的机房与网络系统管理计划是确保系统稳定运行和数据安全的关键。首先，明确管理目标是制订计划的前提，这有助于确保计划的针对性和有效性。其次，制订详细的管理计划，包括日常监控、定期维护、性能优化、资源分配和安全策略等，是确保系统稳定运行和数据安全的具体措施。最后，执行与监督是确保计划得到有效执行的关键环节，通过设立监督机制，可以及时发现并解决问题，确保系统的稳定运行和数据安全。

【问题2】

参考答案 1. 错误；2. 错误；3. 错误。

试题解析 资源管理在机房与网络系统管理中占据重要地位。带宽资源的管理对于确保网络系统的稳定运行至关重要，需要人工进行监控和调节，以适应不断变化的网络流量。

地址资源管理不仅涉及 IP 地址的唯一性，还需要进行详细的规划和监控，以防止地址冲突和浪费。

虚拟资源管理不仅仅是分配和回收虚拟机，还需要考虑与其他资源的协同和效率，以确保系统的整体性能和灵活性。

【问题3】

参考答案 加强防火墙管理、监控通信、实施访问控制、定期安全审计、运用入侵检测、网络攻防演练。

试题解析 在网络安全方面，加强防火墙管理是提升整体安全水平的关键措施之一。通过定期更新防火墙规则、监控通信、实施访问控制、定期安全审计以及运用入侵检测等手段，可以有效提升系统的安全防护能力。同时，定期进行网络攻防演练也是提升团队安全意识和应急响应能力的重要途径。这些安全措施共同构成了机房与网络系统安全防护的坚实屏障。

试题三

【问题1】

参考答案 成立专门的信息安全管理部门、明确各部门的职责和分工、制订详细的信息安全管理制度和流程。

试题解析 该公司在信息安全管理体系构建中的主要做法包括成立专门的信息安全管理部门，这一举措确保了信息安全工作有专门的团队负责，提高了工作效率和专业性。同时，公司还明确了各部门的职责和分工，避免了信息安全工作中的职责不清和推诿现象。此外，公司还制定了详细的信息安全管理制度和流程，为信息安全工作提供了明确的指导和规范，确保了信息安全工作的规范化和标准化。

【问题2】

参考答案　加强风险监控和预警机制、定期进行风险评估和更新、提高员工的风险意识和应对能力。

试题解析　在信息安全风险管理方面，该公司虽然进行了全面的风险评估并制订了相应的风险处置措施，但仍有一些可以改进的地方。例如，公司可以加强风险监控和预警机制，通过实时监控和数据分析，及时发现潜在的信息安全威胁和风险点，并采取相应的措施进行处置。此外，公司还可以定期进行风险评估和更新，以确保风险评估的准确性和时效性。同时，提高员工的风险意识和应对能力也是非常重要的，可以通过培训和教育等方式来提高员工的信息安全意识和应对能力。

【问题3】

参考答案　技术控制是指通过技术手段来保障信息安全，应用实例包括防火墙、入侵检测系统、数据加密等。

试题解析　技术控制是信息安全控制措施中非常重要的一部分，它是指通过技术手段来保障信息安全。在实际应用中，技术控制有很多具体的应用实例，如防火墙、入侵检测系统、数据加密等。防火墙可以阻止未经授权的访问和数据泄露；入侵检测系统可以及时发现并应对网络攻击；数据加密可以保护数据的机密性和完整性。这些技术手段的应用可以有效地提高信息安全水平，降低信息安全风险。因此，在信息安全控制措施中，技术控制是非常重要的一个方面。

试题四

【问题1】

参考答案　指导思想：以提高业务处理效率、保障数据安全、支持业务创新为目标。

设计原则：模块化设计（确保系统各模块之间相对独立，便于维护和升级）；可扩展性（系统能够方便地扩展功能和性能，以适应业务的发展变化）。

试题解析　企业在信息系统架构设计过程中，首先明确了指导思想，这是整个架构设计的基础和核心。同时，企业还制订了详细的设计原则，以确保架构设计的合理性和有效性。这些设计原则不仅考虑了系统的当前需求，还充分考虑了未来的扩展性和可维护性。

【问题2】

参考答案　分层架构：将信息系统划分为多个层次，每个层次负责不同的功能和职责。这种架构模式有助于降低系统的复杂性，提高系统的可维护性和可扩展性。同时，分层架构还可以实现不同层次之间的松耦合，使得系统更加灵活和稳定。

微服务架构：将信息系统拆分为多个独立的服务，每个服务都运行在独立的进程中，并使用轻量级通信机制（如 HTTP/REST）进行通信。这种架构模式有助于提高系统的可扩展性、可维护性和容错性。同时，微服务架构还可以实现服务的独立部署和升级，降低了系统的整体风险。

试题解析　分层架构和微服务架构都是信息系统架构设计中常用的模式。它们各自具有独特的优势和特点，可以根据企业的实际需求进行选择和应用。分层架构有助于降低系统的复杂性，提高系统的可维护性和可扩展性；而微服务架构则更加注重服务的独立性和灵活性，可以更加快速地响应业务变化。

【问题3】

参考答案 信息系统安全架构设计是确保系统安全性的重要环节。它涉及多个方面的安全防护措施,包括网络安全、系统安全、数据安全等。

安全防护措施:

网络安全:采用防火墙、入侵检测系统等技术手段,对外部网络攻击进行防御和监控。同时,还可以采用虚拟专用网络(VPN)等技术手段,确保数据传输的安全性。

系统安全:采用身份验证、权限管理等技术手段,对系统用户进行身份验证和权限控制。同时,还可以采用安全审计等技术手段,对系统操作进行记录和监控。

试题解析 信息系统安全架构设计是确保系统安全性的重要保障。在设计过程中,需要充分考虑各种安全威胁和风险,并采取相应的安全防护措施进行应对。这些安全防护措施可以涉及多个方面,包括网络安全、系统安全、数据安全等。通过采用先进的技术手段和管理措施,可以有效地提高系统的安全性和稳定性。

试题五

【问题1】

参考答案 数据采集不准确、不完整;数据存储系统不稳定;数据处理流程不规范;数据安全管理存在漏洞。

试题解析 指出企业在数据管理上存在的主要问题,这些问题涉及数据采集、存储、处理及安全等多个方面,是企业加强数据管理工作的重点。

【问题2】

参考答案 主要措施:引入先进的数据管理框架;设立专门的数据管理部门;明确数据管理职责和绩效指标;加强数据预处理、数据备份与容灾、数据安全管理等工作。

试题解析 企业在加强数据管理方面所采取的主要措施,涵盖了数据管理框架的引入、数据管理部门的设立、数据管理职责和绩效指标的明确以及数据预处理、数据备份与容灾、数据安全管理等方面的工作,是企业提升数据管理水平的关键。

【问题3】

参考答案 数据安全管理可确保数据的机密性、完整性和可用性不受威胁。

具体做法:进行数据脱敏处理;加强数据访问控制;定期备份数据;制订数据安全应急预案。

试题解析 该企业在数据安全方面的具体做法包括数据脱敏处理、加强数据访问控制、定期备份数据以及制订数据安全应急预案等,是企业确保数据安全性的重要手段。

信息系统管理工程师机考试卷 第2套
基础知识卷

- 《"十四五"国家信息化规划》中提出了坚持把发展经济着力点放在___(1)___上，推动互联网、大数据、人工智能等各产业深度融合，大力推进产业数字化和绿色化协同转型，发展现代供应链，提高全要素生产率，促进节能减排，有力提升经济质量效益和核心竞争力。
  (1) A．数字经济　　　　B．平台经济　　　　C．实体经济　　　　D．虚拟经济

- 新型基础设施建设（简称"新基建"）作为拉动经济的新亮点，已经成为国家政策和地方政策的重要发力点，下列___(2)___不属于新基建的内容。
  (2) A．工业互联网　　　B．高速公路　　　　C．大数据中心　　　D．5G基站建设

- 数据管理能力成熟度模型将组织的管理成熟度划分为5个等级，每个级别中数据的重要程度会有所不同，从___(3)___开始强调数据管理的规范化。
  (3) A．量化管理级　　　B．稳健级　　　　　C．优化级　　　　　D．受管理级

- 针对某计算机平台开发的软件系统，其___(4)___越高，越不利于该软件系统的移植。
  (4) A．效率　　　　　　B．成本　　　　　　C．质量　　　　　　D．可靠性

- IT服务由人员、过程、___(5)___和资源组成，简称PPTR。
  (5) A．管理　　　　　　B．技术　　　　　　C．储备　　　　　　D．服务

- 对MAC地址进行变更属于___(6)___。
  (6) A．链路层交换　　　　　　　　　　　B．物理层交换
  　　C．网络层交换　　　　　　　　　　　D．传输层交换

- 以下关于UML的表述中，不正确的是___(7)___。
  (7) A．UML是一种文档化语言　　　　　　B．UML是一种构造语言
  　　C．UML是一种编程语言　　　　　　　D．UML是统一建模语言

- 在需求分析阶段，可利用UML中的___(8)___描述系统的外部角色和功能要求。
  (8) A．用例图　　　　　B．静态图　　　　　C．交换图　　　　　D．实现图

- 以下关于入侵防御系统（IPS）的描述中，错误的是___(9)___。
  (9) A．IPS产品在网络中是在线旁路式工作的，能保证处理方法适当而且可预知
  　　B．IPS能对流量进行逐字节检查，且可将经过的数据包还原为完整的数据流
  　　C．IPS提供主动、实时的防护，能检测网络层、传输层和应用层的内容
  　　D．如果检测到攻击企图，IPS就会自动将攻击包丢去或采取措施阻断攻击源

- 在虚拟化技术中，___(10)___指的是在宿主机上运行多个虚拟机实例，每个实例都运行自己的操作系统和应用程序。

    (10) A．硬件虚拟化　　　　　　　　B．服务器虚拟化

    　　 C．桌面虚拟化　　　　　　　　D．存储虚拟化

- 区块链的关键技术不包括___(11)___。

    (11) A．分布式账本　　　　　　　　B．分布式数据处理

    　　 C．加密算法　　　　　　　　　D．共识机制

- 在信息系统架构设计中，___(12)___原则强调系统应该能够适应不断变化的需求，而无须进行大规模的修改。

    (12) A．模块化　　　　　　　　　　B．可重用性

    　　 C．可维护性　　　　　　　　　D．可扩展性

- 软件开发人员通常用___(13)___软件编写和修改程序。

    (13) A．预处理　　　B．文本编辑　　　C．链接　　　D．编译

- 关系数据库是___(14)___的集合，其结构是由关系模式定义的。

    (14) A．元组　　　　B．列　　　　　　C．字段　　　D．表

- 在分布式系统架构中，以下___(15)___不是分布式系统的主要功能和作用。

    (15) A．提高性能　　　　　　　　　B．提高可用性

    　　 C．实现数据一致性　　　　　　D．支持大规模数据处理

- 以下关于信息系统的论述中，正确的是___(16)___。

    (16) A．信息系统可以是人工的，也可以是计算机化的

    　　 B．信息系统就是计算机化的信息处理系统

    　　 C．信息系统由硬件、软件、数据库和远程通信等组成

    　　 D．信息系统计算机化一定能提高系统的性能

- 信息系统开发是一个阶段化的过程，一般包括5个阶段：①系统分析阶段；②系统规划阶段；③系统设计阶段；④系统运行阶段；⑤系统实施阶段。其正确顺序为___(17)___。

    (17) A．①②③④⑤　　　　　　　　B．⑤①②③④

    　　 C．②①③⑤④　　　　　　　　D．③⑤①②④

- 原型化方法适用于___(18)___的系统。

    (18) A．需求不确定性高　　　　　　B．需求确定

    　　 C．分时处理　　　　　　　　　D．实时处理

- 软件开发过程包括需求分析、概要设计、详细设计、编码、测试、维护等子过程。软件的总体结构设计在___(19)___子过程中完成。

    (19) A．需求分析　　B．概要设计　　　C．详细设计　　D．编写代码

- 采用UML对系统建模时，用___(20)___描述系统的全部功能。

    (20) A．分析模型　　B．设计模型　　　C．用例模型　　D．实现模型

- 软件开发过程中，常采用甘特（Gantt）图描述进度安排，甘特图以___(21)___。
  - (21) A. 时间为横坐标、人员为纵坐标　　B. 时间为横坐标、任务为纵坐标
  - C. 任务为横坐标、人员为纵坐标　　D. 人数为横坐标、时间为纵坐标
- 在系统集成架构中，___(22)___不是实现平台能力融合的关键技术之一。
  - (22) A. 集成连接平台　　B. 协同BI平台
  - C. 统一门户平台　　D. 组织管理平台
- 在构建某城市社会保险智慧治理中心时，___(23)___不是实现其数据融合的关键支撑技术。
  - (23) A. 大数据技术　　B. 人工智能技术
  - C. 区块链技术　　D. 云计算技术
- 某软件公司举行程序设计竞赛，软件设计师甲、乙针对同一问题、按照规定的技术标准、采用相同的程序设计语言、利用相同的开发环境完成了程序设计。两个程序相似，软件设计师甲先提交，软件设计师乙的构思优于甲。此情形下，___(24)___享有软件著作权。
  - (24) A. 软件设计师甲　　B. 软件设计师甲、乙都
  - C. 软件设计师乙　　D. 软件设计师甲、乙都不
- 在我国，商标专用权保护的对象是指___(25)___。
  - (25) A. 商标　　B. 商品　　C. 已使用商标　　D. 注册商标
- 利用___(26)___可以保护软件的技术信息、经营信息。
  - (26) A. 著作权　　B. 专利权　　C. 商业秘密权　　D. 商标权
- 某企业通过对风险进行了识别和评估后，采用买保险来___(27)___。
  - (27) A. 避免风险　　B. 降低风险　　C. 接受风险　　D. 转嫁风险
- 在网络安全架构中，以下___(28)___技术不是用于提高网络安全的常用技术。
  - (28) A. 入侵检测系统（IDS）　　B. 安全套接字层（SSL）
  - C. 多因素认证（MFA）　　D. 防火墙
- 在云计算的Serverless模式中，以下___(29)___项描述最准确地反映了Serverless架构的核心特点。
  - (29) A. 开发者需要管理服务器的操作系统
  - B. 开发者负责服务器的伸缩和负载均衡
  - C. 开发者只需关注代码编写，无须管理服务器
  - D. 服务器资源按固定时间计费
- 在信息技术服务标准（ITSS）中，IT服务的核心要素指的是___(30)___。
  - (30) A. 工具、技术、流程、服务　　B. 人员、过程、技术、资源
  - C. 计划、执行、检查、纠正　　D. 质量、成本、进度、风险
- 在结构化设计中，___(31)___描述了模块的输入/输出关系、处理内容、模块的内部数据和模块的调用关系，是系统设计的重要成果，也是系统实施阶段编制程序设计任务书和进行程序设计的出发点和依据。
  - (31) A. 系统流程图　　B. IPO图　　C. HIPO图　　D. 模块结构图

● 模块的独立程度有两个定性指标：聚合和耦合。在信息系统的模块设计中，追求的目标是___(32)___。

(32) A. 模块内的高聚合以及模块之间的高耦合
　　 B. 模块内的高聚合以及模块之间的低耦合
　　 C. 模块内的低聚合以及模块之间的高耦合
　　 D. 模块内的低聚合以及模块之间的低耦合

● 下列聚合类型中聚合程度最高的是___(33)___。

(33) A. 偶然聚合　　　B. 时间聚合　　　C. 功能聚合　　　D. 过程聚合

● 不属于程序或模块的序言性注释的是___(34)___。

(34) A. 程序对硬件、软件资源要求的说明
　　 B. 重要变量和参数说明
　　 C. 嵌在程序之中的相关说明，与要注释的程序语句匹配
　　 D. 程序开发的原作者、审查者、修改者、编程日期等

● 在移动计算终端的运维管理中，以下___(35)___不是用于提高设备安全性的常用做法。

(35) A. 定期更新操作系统和应用程序　　　B. 使用强密码和多因素认证
　　 C. 安装非官方的应用程序　　　　　　D. 定期进行数据备份

● IT 服务级别管理是定义、协商、订约、检测和评审提供给客户服务的质量水准的流程。它是连接 IT 部门和___(36)___之间的纽带。

(36) A. 某个具体的业务部门　　　　　　B. 业务部门内某个具体的职员
　　 C. 系统维护者　　　　　　　　　　D. 系统管理者

● IT 系统管理工作可以依据系统的类型划分为四种，其中___(37)___是 IT 部门的核心管理平台。

(37) A. 信息系统，包括办公自动化系统、ERP、CRM 等
　　 B. 网络系统，包括企业内部网、IP 地址管理、广域网、远程拨号系统等
　　 C. 运作系统，包括备份/恢复系统、入侵检测、性能监控、安全管理、服务级别管理等
　　 D. 设施及设备，包括专门用来放置计算机设备的设施或房间

● 在数据安全脱敏的过程中，以下___(38)___方法不属于数据脱敏技术。

(38) A. 数据备份　　　B. 数据掩码　　　C. 数据伪装　　　D. 数据动态加密

● 在数据仓库的分层架构中，___(39)___负责将数据从源数据层抽取出来，进行清洗、转换等操作。

(39) A. 数据应用层　　　B. 数据集成层　　　C. 数据抽取层　　　D. 源数据层

● 为 IT 服务定价是计费管理的关键问题。如果 IT 服务的价格是在与客户谈判的基础上由 IT 部门制定的，而且这个价格在一定时期内一般保持不变，那么这种定价方法是___(40)___定价法。

(40) A. 现行价格　　　B. 市场价格　　　C. 合同价格　　　D. 成本价格

● 软件维护阶段最重要的是对___(41)___的管理。

(41) A. 变更　　　B. 测试　　　C. 软件设计　　　D. 编码

- 在 ISO 建立的网络管理模型中，___(42)___单元是使用最为广泛的。

  (42) A．性能管理　　　B．配置管理　　　C．计费管理　　　D．故障管理

- 在软件生命周期的瀑布模型、迭代模型及快速原型开发中，常见的瀑布模型适合具有___(43)___特点的项目。

  (43) A．需求复杂，项目初期不能明确所有的需求

  　　 B．需要很快给客户演示的产品

  　　 C．需求确定

  　　 D．业务发展迅速，需求变动大

- 确定存储信息的数据模型和所用数据库管理系统，应在___(44)___。

  (44) A．系统规划阶段　　　　　　B．系统设计阶段

  　　 C．系统分析阶段　　　　　　D．系统实施阶段

- 系统抵御各种外界干扰、正常工作的能力称为系统的___(45)___。

  (45) A．正确性　　　B．可靠性　　　C．可维护性　　　D．稳定性

- 某企业信息化建设中，业务流程重组是对企业原有业务流程进行___(46)___。

  (46) A．改良调整　　　　　　B．循序渐进的修改

  　　 C．局部构造　　　　　　D．重新构造

- 现代企业对信息处理不仅要求及时，而且要准确反映实际情况。所以，信息准确性还包括的另一层含义是___(47)___。

  (47) A．信息的统一性　　　　　　B．信息的共享性

  　　 C．信息的概括性　　　　　　D．信息的自动化

- 系统开发的特点中，"质量要求高"的含义是___(48)___。

  (48) A．系统开发的结果不容许有任何错误，任何一个语法错误或语义错误，都会使运行中断或出现错误的处理结果

  　　 B．系统开发一般都要耗费大量的人力、物力和时间资源

  　　 C．系统开发的结果是无形的

  　　 D．系统开发的结果只要在规定的误差范围内就算是合格品

- 按结构化设计的思想编制应用程序时，最重要的是___(49)___。

  (49) A．贯彻系统设计的结果　　　B．避免出现系统或逻辑错误

  　　 C．具有丰富的程序设计经验　D．必须具有系统的观点

- 在系统测试中发现的子程序调用错误属于___(50)___。

  (50) A．功能错误　　　　　　B．系统错误

  　　 C．数据错误　　　　　　D．编程错误

- 在上网审计策略中，___(51)___不是用于审计 Windows 客户端版 QQ 聊天内容的策略。

  (51) A．基于关键词过滤的审计策略　　B．基于网络流量分析的审计策略

  　　 C．基于客户端日志的审计策略　　D．基于硬件设备的审计策略

- 成本核算的主要工作是定义成本要素。对IT部门而言，理想的方法应该是按照__(52)__定义成本要素结构。

    (52) A. 客户满意度　　B. 产品组合　　C. 组织结构　　D. 服务要素结构

- 系统发生硬件故障时需要进行定位分析。中央处理器的故障原因主要是集成电路失效，维护人员根据诊断测试程序的故障定位结果，可能在现场进行的维修工作就是更换__(53)__。

    (53) A. 电路卡　　B. 存储器　　C. 电源部件　　D. 磁盘盘面

- 配置管理中，最基本的信息单元是配置项。所有有关配置项的信息都被存放在__(54)__中。

    (54) A. 应用系统　　　　　　　　B. 服务器
    　　 C. 配置管理数据库　　　　　D. 电信服务

- 软件开发完成并投入使用后，由于多方面原因，软件不能继续适应用户的要求，要延续软件的使用寿命，就必须进行__(55)__。

    (55) A. 需求分析　　　　　　　　B. 软件设计
    　　 C. 编写代码　　　　　　　　D. 软件维护

- 要进行企业网络资源管理，首先要识别目前企业包含哪些网络资源。其中网络传输介质互联设备（T形连接器、调制解调器等）属于__(56)__。

    (56) A. 通信线路　　　　　　　　B. 通信服务
    　　 C. 网络设备　　　　　　　　D. 网络软件

- ITIL（IT基础架构库）2.0版本中，ITIL的主体框架被扩充为6个主要模块，__(57)__模块处于最中心的位置。

    (57) A. 业务管理　　　　　　　　B. 应用管理
    　　 C. 服务管理　　　　　　　　D. ICT基础设施管理

- 能力管理的高级活动项目包括需求管理、能力预测和应用选型。需求管理的首要目标是__(58)__。

    (58) A. 影响和调节客户对IT资源的需求
    　　 B. 分析和预测未来情况发生变更对能力配置规划的影响
    　　 C. 新建应用系统的弹性
    　　 D. 降低单个组件的故障对整个系统的影响

- 网络维护管理有五大功能是网络的失效管理、网络的配置管理、网络的性能管理、__(59)__、网络的计费管理。

    (59) A. 网络的账号管理　　　　　B. 网络的安全管理
    　　 C. 网络的服务管理　　　　　D. 网络的用户管理

- 系统经济效益的评价方法中，__(60)__分析的核心是为了控制成本，反映了系统生产经营的盈利能力，可用在评价信息系统的技术经济效益上。

    (60) A. 差额计算法　　　　　　　B. 信息费用效益评价法
    　　 C. 比例计算法　　　　　　　D. 数学模型法

● 为了更好地满足用户需求，许多企业都提供了用户咨询服务，不同的用户咨询方式具有各自的优缺点。其中___（61）___咨询方式很难回答一些隐蔽性强的问题。
   （61）A．直接咨询服务　　　　　　　　B．电话服务
        C．电子邮件　　　　　　　　　　D．公告板（BBS）或讨论组（Group）
● 访问控制是网络安全应急响应的重要技术手段，其主要用途是___（62）___。
   （62）A．提升网络性能
        B．控制网络资源不被非法访问，限制安全事件的影响范围
        C．增加网络带宽
        D．提高用户上网体验
● 系统性能评价指标中，MIPS 这一性能指标的含义是___（63）___。
   （63）A．每秒百万次指令　　　　　　　B．每秒百万次浮点运算
        C．每秒数据报文　　　　　　　　D．位每秒
● 在系统故障与问题管理中，问题预防的流程主要包括趋势分析和___（64）___。
   （64）A．调查分析　　　　　　　　　　B．错误控制
        C．制订预防措施　　　　　　　　D．问题分类
● 为 IT 服务定价是计费管理的关键问题，"IT 服务价格=IT 服务成本+X%" 属于___（65）___。
   （65）A．价值定价法　　B．成本定价法　　C．现行价格法　　D．市场价格法
● 网络安全体系设计可从物理线路安全、网络安全、系统安全、应用安全等方面来进行，其中，数据库容灾属于___（66）___。
   （66）A．物理线路安全和网络安全　　　B．应用安全和网络安全
        C．系统安全和网络安全　　　　　D．系统安全和应用安全
● 包过滤防火墙对数据包的过滤依据不包括___（67）___。
   （67）A．源 IP 地址　　B．源端口号　　C．MAC 地址　　D．目的 IP 地址
● 某网站向 CA 申请了数字证书，用户通过___（68）___来验证网站的真伪。
   （68）A．CA 的签名　　　　　　　　　B．证书中的公钥
        C．网站的私钥　　　　　　　　　D．用户的公钥
● A 公司是一家云服务提供商，向用户提供多租户、可定制的办公软件和客户关系管理软件，A 公司所提供的此项云服务属于___（69）___服务类型。
   （69）A．IaaS　　　　B．PaaS　　　　C．SaaS　　　　D．DaaS
● 在项目管理中，知识管理的主要目的是___（70）___。
   （70）A．减少项目成本　　　　　　　　B．提高团队成员的技术能力
        C．促进项目信息的有效流通和共享　D．确保项目按时完成
● WLAN is increasingly popular because it enables cost-effective ___（71）___ among people and applications that were not possible in the past.
   （71）A．line　　　　B．circuit　　　　C．connection　　　　D．interface

- ___(72)___ is a paradigm for enabling network access to a scalable and elastic pool of shareable physical or virtual resources with self-service provisioning and administration on-demand.

　（72）A. VPN　　　　　　　　　　B. Big data
　　　　C. Cloud computing　　　　　D. Cyber-physical System

- The ___(73)___ plan is aiming to integrate the Internet with traditional industries, and fuel economic growth.

　（73）A. internet plus action　　　　B. internet action
　　　　C. web plus action　　　　　　D. net plus action

- The purpose of a network ___(74)___ is to provide a shell around the network which will protect the system connected to the network from various threats.

　（74）A. firewall　　B. switch　　C. router　　D. gateway

- ___(75)___ is a massive volume of structured and unstructured data so large it is difficult to process using traditional database or software technique.

　（75）A. Data processing system　　B. Big Data
　　　　C. Data warehouse　　　　　　D. DBMS

信息系统管理工程师机考试卷 第2套
应用技术卷

试题一（15分）

　　阅读下列说明，回答【问题1】至【问题3】。

　　【说明】一家知名医院的医疗信息部门，工程师小张负责处理和分析电子健康记录（EHR）。这些记录包含大量患者的敏感信息，如个人身份信息、医疗诊断数据等。为了遵守数据保护法规并确保患者隐私不被泄露，医院决定采取一系列数据脱敏措施。这些措施旨在不影响数据分析和共享的前提下，对敏感信息进行匿名化处理，从而降低数据泄露的风险。小张和他的团队将实施这些脱敏技术，以保护患者隐私并确保医院数据的安全。

　　【问题1】（6分）
　　在实施数据脱敏时，以下哪2项措施是医疗机构应该采用的？
　　（1）使用数据备份来防止数据丢失
　　（2）对患者的姓名和身份证号进行数据掩码
　　（3）对患者的诊断结果进行数据伪装
　　（4）对患者的联系方式进行数据加密

　　【问题2】（4分）
　　针对此案例的实际操作，在患者信息的数据脱敏过程中，哪些信息通常不需要脱敏？

　　【问题3】（5分）
　　数据脱敏常用的技术手段有哪些？

试题二（15分）

　　阅读下列说明，回答【问题1】至【问题3】。

　　【说明】大龙公司承接了某市政府的OA系统集成项目，公司考虑到小张工作积极负责，经验丰富，任命他为项目经理，负责本次项目工作。

　　得到授权后，小张立即安排开展工作，在实施过程中，按照产品集和安装部署规范进行。但是具体负责的工程师总是不按照规范和规程进行，于是小张对项目组人员进行了培训，要求按照制订的产品集成进行实施。项目进展顺利，但按照约定的工期，没有考虑国庆假期，项目实施时所需的各种资源紧张，最终项目卡点完工。

【问题1】(6分)

在准备产品集成阶段,项目经理小张应该采取哪些活动进行准备?

制定安装部署的规程主要有哪些内容?

【问题2】(4分)

项目管理过程中,项目经理小张应该考虑调配哪些资源?

【问题3】(5分)

如果你是项目经理,项目实施过程中,还可以从哪些方面进行优化?

试题三 (15分)

阅读下列说明,回答【问题1】至【问题3】。

【说明】 信息安全旨在保护信息本身、信息系统以及涉及信息使用、存储和传输的硬件设备。通常,信息安全策略是基于保护信息的保密性、完整性和可用性来设计,以预防安全威胁。保密性是指防止未授权的人员或系统访问信息,同时确保只有获得授权的个体才能查看特定的信息集合。完整性意味着在信息的使用、传输和存储过程中,信息不被修改、丢失或损坏,并且确保信息处理过程的准确性。可用性则是指确保授权的用户在需要时能够及时地获取信息及其相关的资产。

【问题1】(6分)

访问控制系统决定了哪些用户能够访问系统、他们可以访问哪些系统资源以及如何访问这些资源,其目标是阻止未经授权的访问和滥用信息系统资源。

(1) 防御型访问控制手段包括 ___(1)___。

(2) 探测型访问控制手段包括 ___(2)___。

A. 双供电系统　　　　B. 闭路监控　　　　C. 职员雇佣手续

D. 访问控制软件　　　E. 日志审计　　　　F. 安全知识培训

【问题2】(4分)

保密性确保敏感信息仅对授权人员可见。加密是一种通过编码信息以防止未授权用户读取或理解数据的过程,旨在保障数据和信息的安全。国家明确规定严格禁止直接使用国外的密码算法和安全产品,其主要原因有 ___(3)___ 和 ___(4)___ 两个方面。

A. 目前这些密码算法和安全产品都有破译手段

B. 国外的算法和产品中可能存在"后门",要防止其在关键时刻危害我国安全

C. 进口国外的算法和产品不利于我国自主研发和技术创新

D. 密钥不可以无限期使用,需要定期更换。购买国外的加密算法和产品,会产生高昂的费用

【问题3】(5分)

请列举并简要说明企业在信息安全实践中可以采取的其他三项关键技术或管理措施,并解释它们如何分别支持信息的保密性、完整性和可用性。

试题四（15分）

阅读下列说明，回答【问题1】至【问题3】。

【说明】某企业业务信息系统某天突然出现故障，无法处理业务。信息系统维护人员采用重新启动的方法来进行恢复，发现数据库系统无法正常启动。

数据库故障主要分为事务故障、系统故障和介质故障，不同故障的恢复方法也不同。

【问题1】（6分）

请解释这三种数据库故障的恢复方法，说明该企业的数据库故障属于何种类型的故障，为什么？

【问题2】（4分）

请回答该故障给数据库带来了何种影响。

【问题3】（5分）

请写出该故障的主要恢复措施。

试题五（15分）

阅读下列说明，回答【问题1】至【问题3】。

【说明】大龙软件公司成立于2023年，是一家为客户提供各类软件解决方案的IT供应商。为了规范IT系统管理并提高管理效率，公司对各类管理流程进行了优化，除了优化组织结构、进一步明确职责外，还在日常作业调度、系统备份及恢复、输出管理和性能监控、安全管理和IT财务管理、IT服务计费及成本核算等方面制定了相应的规章制度。

大龙软件公司的IT系统管理涉及公司诸多方面的工作，公司为集中资源做精核心业务，拓展了相关的外包工作。外包成功的关键因素之一是选择具有良好社会形象和信誉、相关行业经验丰富、经营管理水平高、有发展潜力、能够引领或紧跟信息技术发展的外包商作为战略合作伙伴。

IT外包有着各种各样的利弊。利在于公司能够发挥其核心技术，集中资源做精核心业务；弊在于公司会面临一定的外包风险。为了最大限度地保证公司IT项目的成功实施，就必须在外包合同、项目规划、市场技术变化、风险识别等方面采取措施以控制外包风险。

【问题1】（4分）

大龙软件公司在IT系统管理方面，应该制定哪些方面的运作管理规章制度，以使公司的IT系统管理工作更加规范化？

【问题2】（6分）

大龙软件公司对外包商进行资格审查时，应重点关注外包商的哪三种能力？请对这三种能力作简要解释。

【问题3】（5分）

为了最大限度地保证公司IT项目的成功实施，就必须采取措施控制外包风险，那么控制外包风险的措施有哪些？

信息系统管理工程师机考试卷 第2套
基础知识卷参考答案与试题解析

(1) 参考答案：C

试题解析 《"十四五"国家信息化规划》中强调的是将发展经济的着力点放在实体经济上，以推动互联网、大数据、人工智能等与各产业深度融合。数字经济（选项A）和平台经济（选项B）是实体经济的重要组成部分，但不是着力点；虚拟经济（选项D）与实体经济相对，不符合规划的重点。

(2) 参考答案：B

试题解析 新型基础设施建设主要包括工业互联网（选项A）、大数据中心（选项C）和5G基站建设（选项D），这些都是信息技术相关的基础设施。高速公路（选项B）虽然对经济发展有重要作用，但不属于新基建的内容。

(3) 参考答案：A

试题解析 数据管理能力成熟度模型中，从量化管理级（选项A）开始，组织开始强调数据管理的规范化。稳健级（选项B）、优化级（选项C）和受管理级（选项D）是模型中的其他等级，但它们不是从规范化角度强调数据管理的起点。

(4) 参考答案：A

试题解析 软件系统的效率（选项A）越高，意味着它在特定硬件上运行得越快，这可能会降低软件的移植性，因为高度优化的代码可能依赖于特定硬件的特性。成本（选项B）、质量（选项C）和可靠性（选项D）通常不会直接影响软件系统的移植性。

(5) 参考答案：B

试题解析 IT服务由人员、过程、技术和资源组成，简称PPTR。管理（选项A）和服务（选项D）是IT服务的其他组成部分，但不是构成IT服务的核心技术要素。储备（选项C）不是PPTR模型中的一个组成部分。

(6) 参考答案：A

试题解析 对MAC地址进行变更属于链路层交换（选项A），因为MAC地址是链路层用于标识网络设备的唯一地址。物理层交换（选项B）涉及的是物理连接和信号传输，网络层交换（选项C）基于IP地址，传输层交换（选项D）基于端口号。

(7) 参考答案：C

试题解析 UML（统一建模语言）是一种文档化语言（选项A）和构造语言（选项B），用于可视化软件系统的蓝图。它不是编程语言（选项C），而是一种建模语言。

（8）参考答案：A

试题解析 在需求分析阶段，用例图（选项A）用于描述系统的外部角色和功能要求，展示了系统的功能和用户如何与这些功能交互。静态图（选项B）、交换图（选项C）和实现图（选项D）是UML中的其他类型的图，但它们不专门用于描述外部角色和功能要求。

（9）参考答案：A

试题解析 入侵防御系统（IPS）是在线实时工作的，而不是旁路式工作（选项A）。IPS能够对流量进行逐字节检查（选项B），提供跨网络层、传输层和应用层的保护（选项C），并且在检测到攻击时可以采取措施阻断攻击（选项D）。

（10）参考答案：B

试题解析 服务器虚拟化（选项B）指的是在宿主机上运行多个虚拟机实例，每个实例都运行自己的操作系统和应用程序。硬件虚拟化（选项A）涉及模拟硬件，桌面虚拟化（选项C）是指虚拟化桌面环境，存储虚拟化（选项D）是指优化数据存储和访问。

（11）参考答案：B

试题解析 区块链的关键技术包括分布式账本（选项A）、加密算法（选项C）和共识机制（选项D）。分布式数据处理（选项B）不是区块链技术的关键组成部分。

（12）参考答案：D

试题解析 可扩展性（选项D）原则强调系统应该能够适应不断变化的需求，而无须进行大规模的修改。模块化（选项A）、可重用性（选项B）和可维护性（选项C）也是信息系统设计的重要原则，但它们不是专门针对系统适应变化需求的原则。

（13）参考答案：B

试题解析 软件开发人员通常使用文本编辑软件（选项B）编写和修改程序。预处理（选项A）是编译过程的一部分，链接（选项C）是将编译后的代码与库文件合并的过程，编译（选项D）是将源代码转换为机器代码的过程。

（14）参考答案：D

试题解析 关系数据库是由表（选项D）的集合构成的，其结构是由关系模式定义的。元组（选项A）、列（选项B）和字段（选项C）是表的组成部分，但不是数据库的基本结构单位。

（15）参考答案：C

试题解析 分布式系统的主要功能和作用包括提高性能（选项A）、提高可用性（选项B）和支持大规模数据处理（选项D）。实现数据一致性（选项C）是分布式系统面临的挑战之一，而不是其主要功能。

（16）参考答案：A

试题解析 信息系统可以是人工的，也可以是计算机化的（选项A），这是信息系统的基本定义。信息系统就是计算机化的信息处理系统（选项B）是信息系统的一种类型。信息系统由硬件、软件、数据库和远程通信等组成（选项C）描述了信息系统的组成部分。信息系统计算机化一定能提高系统的性能（选项D）是一种普遍观点，但并非绝对。

（17）**参考答案**：C

💡**试题解析** 信息系统开发的阶段化过程的正确顺序是系统规划阶段（②）、系统分析阶段（①）、系统设计阶段（③）、系统实施阶段（⑤）和系统运行阶段（④）。这个顺序反映了从规划到实施再到运行的逻辑流程。

（18）**参考答案**：A

💡**试题解析** 原型化方法适用于需求不确定性高的系统（选项A），因为这种方法允许在开发过程中不断调整和完善需求。需求确定（选项B）的情况下，原型化方法可能不是最佳选择。分时处理（选项C）和实时处理（选项D）与原型化方法的适用性无关。

（19）**参考答案**：B

💡**试题解析** 软件的总体结构设计在概要设计子过程中完成（选项B）。需求分析（选项A）阶段确定软件的功能和性能要求，详细设计（选项C）阶段涉及具体实现细节，编写代码（选项D）是编码阶段的任务。

（20）**参考答案**：C

💡**试题解析** 采用UML对系统建模时，用用例模型（选项C）描述系统的全部功能，展示了系统如何满足用户需求。分析模型（选项A）、设计模型（选项B）和实现模型（选项D）是UML中的其他类型的模型，它们分别用于不同阶段的系统建模。

（21）**参考答案**：B

💡**试题解析** 甘特（Gantt）图以时间为横坐标、任务为纵坐标（选项B），用于描述进度安排。时间为横坐标、人员为纵坐标（选项A）和任务为横坐标、人员为纵坐标（选项C）不是甘特图的标准形式。人数为横坐标、时间为纵坐标（选项D）也不是甘特图的常见形式。

（22）**参考答案**：D

💡**试题解析** 在系统集成架构中，集成连接平台（选项A）、协同BI平台（选项B）和统一门户平台（选项C）是实现平台能力融合的关键技术之一。组织管理平台（选项D）虽然对组织运营很重要，但不是实现平台能力融合的关键技术。

（23）**参考答案**：C

💡**试题解析** 在构建某城市社会保险智慧治理中心时，大数据技术（选项A）、人工智能技术（选项B）和云计算技术（选项D）是实现数据融合的关键支撑技术。区块链技术（选项C）虽然在某些场景下有用，但不是数据融合的关键支撑技术。

（24）**参考答案**：B

💡**试题解析** 根据软件著作权法，软件设计师甲和乙都享有软件著作权（选项B），即使他们的程序相似，只要他们各自独立完成设计，就都应享有著作权。

（25）**参考答案**：D

💡**试题解析** 在我国，商标专用权保护的对象是指注册商标（选项D）。商标（选项A）、商品（选项B）和已使用商标（选项C）虽然与商标权有关，但不是商标专用权的保护对象。

(26) 参考答案：C

☞试题解析　利用商业秘密权（选项 C）可以保护软件的技术信息、经营信息。著作权（选项 A）、专利权（选项 B）和商标权（选项 D）也提供一定程度的保护，但它们主要针对的是作品、发明创造和品牌标识，而不是技术信息和经营信息。

(27) 参考答案：D

☞试题解析　企业通过对风险进行了识别和评估后，采用买保险的方式来转嫁风险（选项 D）。这意味着通过支付保险费，将潜在的财务损失风险转移给保险公司。避免风险（选项 A）通常涉及采取措施消除风险源；降低风险（选项 B）涉及采取措施减少风险发生的可能性或影响；接受风险（选项 C）是意识到风险并决定不采取任何行动来改变风险的概率或影响。

(28) 参考答案：D

☞试题解析　在网络安全架构中，入侵检测系统（IDS）（选项 A）、安全套接字层（SSL）（选项 B）和多因素认证（MFA）（选项 C）都是用于提高网络安全的常用技术。防火墙（选项 D）虽然也是网络安全的重要部分，但在这里是作为错误选项，因为题目要求找出不是用于提高网络安全的技术。

(29) 参考答案：C

☞试题解析　在云计算的 Serverless 模式中，核心特点是开发者只需关注代码编写，无须管理服务器（选项 C），这反映了 Serverless 架构的无服务器特点。开发者需要管理服务器的操作系统（选项 A）、负责服务器的伸缩和负载均衡（选项 B）和服务器资源按固定时间计费（选项 D）都不是 Serverless 架构的核心特点。

(30) 参考答案：B

☞试题解析　在信息技术服务标准（ITSS）中，IT 服务的核心要素指的是人员、过程、技术、资源（选项 B）。工具、技术、流程、服务（选项 A）和计划、执行、检查、纠正（选项 C）是其他管理框架的要素，而质量、成本、进度、风险（选项 D）是项目管理的要素。

(31) 参考答案：B

☞试题解析　在结构化设计中，IPO 图（输入/输出图）（选项 B）描述了模块的输入/输出关系、处理内容、模块的内部数据和模块的调用关系，是系统设计的重要成果。系统流程图（选项 A）、HIPO 图（层次图）（选项 C）和模块结构图（选项 D）也是系统设计的图形表示，但它们不专门描述模块的输入/输出关系。

(32) 参考答案：B

☞试题解析　在信息系统的模块设计中，追求的目标是模块内的高聚合以及模块之间的低耦合（选项 B），这有助于提高模块的独立性和系统的可维护性。其他选项描述的聚合和耦合关系不是模块设计的理想目标。

(33) 参考答案：D

☞试题解析　在聚合类型中，过程聚合（选项 D）的聚合程度最高，因为它涉及模块之间的紧密协作。偶然聚合（选项 A）、时间聚合（选项 B）和功能聚合（选项 C）的聚合程度相对较低。

（34）参考答案：C

🚀试题解析 不属于程序或模块的序言性注释的是嵌在程序之中的相关说明（选项C），序言性注释通常包含在程序的开头部分，提供程序的概览信息。程序对硬件、软件资源要求的说明（选项A）、重要变量和参数说明（选项B）和程序开发的原作者、审查者、修改者、编程日期等（选项D）都是序言性注释的内容。

（35）参考答案：C

🚀试题解析 在移动计算终端的运维管理中，安装非官方的应用程序（选项C）不是用于提高设备安全性的常用做法，因为它可能带来安全风险。定期更新操作系统和应用程序（选项A）、使用强密码和多因素认证（选项B）和定期进行数据备份（选项D）都是提高设备安全性的常用做法。

（36）参考答案：A

🚀试题解析 IT服务级别管理是定义、协商、订约、检测和评审提供给客户服务的质量水准的流程。它是连接IT部门和某个具体的业务部门（选项A）之间的纽带。业务部门内某个具体的职员（选项B）、系统维护者（选项C）和系统管理者（选项D）虽然是IT服务的使用者或管理者，但不是IT服务级别管理的主要连接对象。

（37）参考答案：C

🚀试题解析 在IT系统管理工作中，运作系统（选项C）是IT部门的核心管理平台，包括备份/恢复系统、入侵检测、性能监控、安全管理、服务级别管理等。信息系统（选项A）、网络系统（选项B）和设施及设备（选项D）也是IT系统管理的重要部分，但它们不是核心管理平台。

（38）参考答案：A

🚀试题解析 在数据安全脱敏的过程中，数据备份（选项A）不属于数据脱敏技术，它是一种数据保护措施。数据掩码（选项B）、数据伪装（选项C）和数据动态加密（选项D）是数据脱敏技术，用于保护敏感数据。

（39）参考答案：B

🚀试题解析 在数据仓库的分层架构中，数据集成层（选项B）负责将数据从源数据层抽取出来，进行清洗、转换等操作。数据应用层（选项A）、数据抽取层（选项C）和源数据层（选项D）是数据仓库的其他层次，它们有不同的职责和功能。

（40）参考答案：C

🚀试题解析 为IT服务定价是计费管理的关键问题。如果IT服务的价格是在与客户谈判的基础上由IT部门制订的，而且这个价格在一定时期内一般保持不变，那么这种定价方法是合同价格（选项C）定价法。现行价格（选项A）、市场价格（选项B）和成本价格（选项D）是其他定价方法。

（41）参考答案：A

🚀试题解析 软件维护阶段最重要的是对变更（选项A）的管理，因为变更是软件维护过程中最常见的活动。测试（选项B）、软件设计（选项C）和编码（选项D）也是软件维护阶段的活动，但它们不是最重要的管理对象。

（42）**参考答案**：B

试题解析　在 ISO 建立的网络管理模型中，配置管理（选项 B）单元是使用最为广泛的，因为它涉及网络中设备的配置和变更管理。性能管理（选项 A）、计费管理（选项 C）和故障管理（选项 D）也是网络管理的重要方面，但它们不是使用最为广泛的单元。

（43）**参考答案**：C

试题解析　常见的瀑布模型适合具有需求确定（选项 C）特点的项目，因为瀑布模型是一个线性、分阶段的软件开发过程，需求确定是瀑布模型成功实施的关键。需求复杂，项目初期不能明确所有的需求（选项 A）、需要很快给客户演示的产品（选项 B）和业务发展迅速，需求变动大（选项 D）的项目不适合瀑布模型。

（44）**参考答案**：B

试题解析　确定存储信息的数据模型和所用数据库管理系统，应在系统设计阶段（选项 B）进行。系统规划阶段（选项 A）、系统分析阶段（选项 C）和系统实施阶段（选项 D）不是确定数据模型和数据库管理系统的适当阶段。

（45）**参考答案**：B

试题解析　系统抵御各种外界干扰、正常工作的能力称为系统的可靠性（选项 B）。正确性（选项 A）、可维护性（选项 C）和稳定性（选项 D）也是系统的重要特性，但它们不直接描述系统抵御干扰和正常工作的能力。

（46）**参考答案**：D

试题解析　业务流程重组是对企业原有业务流程进行重新构造（选项 D），这意味着对业务流程进行根本性的重新思考和设计。改良调整（选项 A）、循序渐进的修改（选项 B）和局部构造（选项 C）是业务流程改进的其他方式，但它们不涉及根本性的重新构造。

（47）**参考答案**：B

试题解析　现代企业对信息处理不仅要求及时，而且要准确反映实际情况。信息准确性还包括的另一层含义是信息的共享性（选项 B），即信息能够在需要时被多个用户或系统访问。信息的统一性（选项 A）、信息的概括性（选项 C）和信息的自动化（选项 D）也是信息系统的重要特性，但它们不直接关联到信息准确性的共享层面。

（48）**参考答案**：A

试题解析　"质量要求高"的含义是系统开发的结果不容许有任何错误（选项 A），任何一个语法错误或语义错误都可能导致运行中断或错误的处理结果。耗费大量的人力、物力和时间资源（选项 B）、结果是无形的（选项 C）和只要在规定的误差范围内就算是合格品（选项 D）是系统开发的其他方面，但它们不是"质量要求高"的直接含义。

（49）**参考答案**：D

试题解析　按结构化设计的思想编制应用程序时，最重要的是必须具有系统的观点（选项 D），这意味着在设计和实现程序时要考虑整个系统的需求和约束。贯彻系统设计的结果（选项 A）、避免出现系统或逻辑错误（选项B）和具有丰富的程序设计经验（选项C）也是重要的，但它们不是结构化设计中最重要的方面。

（50）**参考答案**：D

📝**试题解析** 在系统测试中发现的子程序调用错误属于编程错误（选项D），因为它是在编码过程中产生的错误。功能错误（选项A）、系统错误（选项B）和数据错误（选项C）是其他类型的错误，它们可能与需求、系统架构或数据处理有关，但不是编程错误。

（51）**参考答案**：D

📝**试题解析** 基于关键词过滤的审计策略（选项A），可以通过分析聊天内容中的关键词来审计QQ聊天内容。基于网络流量分析的审计策略（选项B），可以通过分析QQ客户端与服务器之间传输的数据包来获取聊天内容。基于客户端日志的审计策略（选项C），QQ客户端可能会生成本地日志文件，通过审计这些日志可以获取聊天内容。基于硬件设备的审计策略（选项D），主要关注硬件设备的使用情况，如网络设备的流量统计、设备状态等，无法直接用于审计QQ聊天内容。

（52）**参考答案**：D

📝**试题解析** 对IT部门而言，理想的方法应该是按照服务要素结构（选项D）定义成本要素结构。客户满意度（选项A）、产品组合（选项B）和组织结构（选项C）虽然也是成本管理的考虑因素，但它们不是定义成本要素结构的主要依据。

（53）**参考答案**：A

📝**试题解析** 中央处理器的故障原因主要是集成电路失效，维护人员根据诊断测试程序的故障定位结果，可能在现场进行的维修工作就是更换电路卡（选项A）。存储器（选项B）、电源部件（选项C）和磁盘盘面（选项D）不是中央处理器的直接组成部分，因此不是更换的对象。

（54）**参考答案**：C

📝**试题解析** 配置管理中，最基本的信息单元是配置项。所有有关配置项的信息都被存放在配置管理数据库（选项C）中。应用系统（选项A）、服务器（选项B）和电信服务（选项D）不是用来存放配置项信息的数据库。

（55）**参考答案**：D

📝**试题解析** 软件开发完成并投入使用后，由于多方面原因，软件不能继续适应用户的要求。要延续软件的使用寿命，就必须进行软件维护（选项D）。需求分析（选项A）、软件设计（选项B）和编写代码（选项C）是软件开发过程中的早期阶段，不是软件投入使用后延续其使用寿命的活动。

（56）**参考答案**：C

📝**试题解析** 网络传输介质互联设备（如T形连接器、调制解调器等）属于网络设备（选项C）。通信线路（选项A）、通信服务（选项B）和网络软件（选项D）是网络资源的其他类别，但不包括物理互联设备。

(57) 参考答案：C

✦试题解析　ITIL（IT 基础架构库）2.0 版本中，ITIL 的主体框架被扩充为 6 个主要模块，服务管理（选项 C）模块处于最中心的位置。业务管理（选项 A）、应用管理（选项 B）和 ICT 基础设施管理（选项 D）也是 ITIL 框架中的重要模块，但它们不是最中心的模块。

(58) 参考答案：A

✦试题解析　需求管理的首要目标是影响和调节客户对 IT 资源的需求（选项 A）。分析和预测未来情况发生变更对能力配置规划的影响（选项 B）、新建应用系统的弹性（选项 C）和降低单个组件的故障对整个系统的影响（选项 D）是能力管理的其他方面，但不是需求管理的首要目标。

(59) 参考答案：B

✦试题解析　网络维护管理的五大功能包括网络的失效管理、网络的配置管理、网络的性能管理、网络的安全管理（选项 B）和网络的计费管理。网络的账号管理（选项 A）、网络的服务管理（选项 C）和网络的用户管理（选项 D）是网络管理的其他方面，但不在这五大功能之列。

(60) 参考答案：B

✦试题解析　信息费用效益评价法（选项 B）分析的核心是为了控制成本，反映了系统生产经营的盈利能力，可用在评价信息系统的技术经济效益上。差额计算法（选项 A）、比例计算法（选项 C）和数学模型法（选项 D）是其他评价方法，但它们不是专门用于评价信息系统技术经济效益的方法。

(61) 参考答案：C

✦试题解析　电子邮件（选项 C）咨询方式很难回答一些隐蔽性强的问题，因为它缺乏即时性和互动性。直接咨询服务（选项 A）、电话服务（选项 B）和公告板（BBS）或讨论组（Group）（选项 D）提供了更多的互动和即时反馈，有助于回答隐蔽性强的问题。

(62) 参考答案：B

✦试题解析　访问控制的主要用途是控制网络资源不被非法访问，限制安全事件的影响范围（选项 B）。提升网络性能（选项 A）、增加网络带宽（选项 C）和提高用户上网体验（选项 D）不是访问控制的主要目的。

(63) 参考答案：A

✦试题解析　MIPS 这一性能指标的含义是每秒百万次指令（选项 A）。每秒百万次浮点运算（选项 B）、每秒数据报文（选项 C）和位每秒（选项 D）是其他性能指标，但它们不代表 MIPS。

(64) 参考答案：C

✦试题解析　问题预防的流程主要包括趋势分析和制订预防措施（选项 C）。调查分析（选项 A）、错误控制（选项 B）和问题分类（选项 D）是问题管理的其他活动，但它们不是问题预防流程的主要部分。

(65) 参考答案：B

✦试题解析　"IT 服务价格=IT 服务成本+X%" 属于成本定价法（选项 B）。价值定价法（选项 A)、现行价格法（选项 C）和市场价格法（选项 D）是其他定价方法，但它们不是基于成本加上一定百分比的定价方式。

(66) **参考答案**：D

试题解析 数据库容灾属于系统安全和应用安全（选项 D）。物理线路安全和网络安全（选项 A）、应用安全和网络安全（选项 B）和系统安全和网络安全（选项 C）是网络安全体系的其他方面，但它们不直接涉及数据库容灾。

(67) **参考答案**：C

试题解析 包过滤防火墙对数据包的过滤依据不包括 MAC 地址（选项 C）。源 IP 地址（选项 A）、源端口号（选项 B）和目的 IP 地址（选项 D）是包过滤防火墙常用的过滤依据。

(68) **参考答案**：B

试题解析 用户通过证书中的公钥（选项 B）来验证网站的真伪。CA 的签名（选项 A）、网站的私钥（选项 C）和用户的公钥（选项 D）不是用于验证网站真伪的方法。

(69) **参考答案**：C

试题解析 A 公司提供的云服务属于软件即服务（Software as a Service，SaaS）服务类型（选项 C）。基础设施即服务（Infrastructure as a Service，IaaS）（选项 A）、平台即服务（Platform as a Service，PaaS）（选项 B）和数据即服务（Data as a Service，DaaS）（选项 D）是其他类型的云服务。

(70) **参考答案**：C

试题解析 在项目管理中，知识管理的主要目的是促进项目信息的有效流通和共享（选项 C）。减少项目成本（选项 A）、提高团队成员的技术能力（选项 B）和确保项目按时完成（选项 D）是项目管理的其他目标，但不是知识管理的主要目的。

(71) **参考答案**：C

试题解析 WLAN（无线局域网络）之所以越来越受欢迎，是因为它能够以成本效益的方式实现人们和应用之间的连接（选项 C），这种连接在过去是不可能的。line（选项 A）、circuit（选项 B）和 interface（选项 D）不是描述 WLAN 优势的正确术语。

(72) **参考答案**：C

试题解析 云计算（Cloud computing）（选项 C）是一种范式，它允许对可伸缩和弹性的共享物理或虚拟资源池进行按需自助服务管理和调配。VPN（选项 A）、Big data（选项 B）和 Cyber-physical System（选项 D）是其他技术概念，不符合题目描述。

(73) **参考答案**：A

试题解析 互联网+行动计划（internet plus action）（选项 A）旨在将互联网与传统产业相融合，促进经济增长。internet action（选项 B）、web plus action（选项 C）和 net plus action（选项 D）不是描述这一计划的正确术语。

(74) **参考答案**：A

试题解析 防火墙（firewall）（选项 A）的目的是为网络系统提供一个保护层，防止各种威胁侵入连接到网络的系统。switch（选项 B）、router（选项 C）和 gateway（选项 D）是网络中的其他设备,但它们的主要功能不是提供安全保护。

(75) **参考答案**:B

试题解析 大数据(Big Data)(选项 B)是指结构化和非结构化数据的庞大体量,以至于难以使用传统的数据库或软件技术进行处理。Data processing system(选项 A)、Data warehouse(选项 C)和 DBMS(选项 D)是数据处理的其他概念,但它们不特指大数据的特点。

信息系统管理工程师机考试卷 第2套
应用技术卷参考答案与试题解析

试题一

【问题1】

参考答案 （2）和（3）

试题解析 在医疗信息部门处理和分析电子健康记录（EHR）时，数据脱敏是一项关键措施，旨在保护患者隐私并确保数据的安全。对于给出的四个选项，我们需要分析哪些措施直接针对敏感信息的匿名化处理。

（1）使用数据备份来防止数据丢失：这一措施虽然重要，但它主要关注数据的恢复和完整性，而不是对敏感信息的处理。因此，它不属于数据脱敏的范畴。

（2）对患者的姓名和身份证号进行数据掩码：这是数据脱敏的一种有效方法。姓名和身份证号等个人身份信息是高度敏感的，通过掩码处理可以隐藏或替换这些信息的部分或全部内容，从而降低数据泄露的风险。

（3）对患者的诊断结果进行数据伪装：诊断结果同样包含敏感信息，可能涉及患者的健康状况和隐私。通过数据伪装，可以在不改变数据分析结果的前提下，保护患者的敏感信息。

（4）对患者的联系方式进行数据加密：虽然数据加密可以增强数据的安全性，但它主要关注数据的机密性，而不是对敏感信息的匿名化处理。因此，它不属于数据脱敏的直接措施。

综上所述，医疗机构在实施数据脱敏时，应该采用（2）和（3）这两项措施。

【问题2】

参考答案 通常不需要脱敏的信息可能包括一些非个人敏感信息，如患者的性别、年龄范围（如年龄段而非具体年龄）、疾病大类（如心血管疾病、呼吸系统疾病）等。

试题解析 在患者信息的数据脱敏过程中，需要明确哪些信息是敏感的，哪些信息是非敏感的。敏感信息通常包括个人身份信息、医疗诊断数据等，这些信息如果泄露可能会对患者造成不良影响。而非敏感信息则通常是一些不涉及个人隐私或不会对患者造成直接影响的信息。

具体来说，患者的性别、年龄范围（如年龄段而非具体年龄）、疾病大类等可能属于非敏感信息。这些信息在医疗研究和分析中可能具有一定的价值，同时也不会泄露患者的个人隐私。然而，具体哪些信息不需要脱敏还需根据医院的数据保护政策和法规要求来确定。

【问题3】

参考答案 数据脱敏常用的技术手段包括数据替换、数据掩码、数据偏移/移位、数据泛化、数据加噪等。

试题解析　数据脱敏是一项复杂而重要的任务,需要采用多种技术手段来确保敏感信息的匿名化处理。以下是一些常用的数据脱敏技术手段:

数据替换:用虚构的数据替换真实的敏感数据,如使用生成的随机数字或字母替换身份证号等。

数据掩码:部分隐藏数据中的敏感信息,如只显示电话号码的前三位和后四位,中间用星号或其他符号代替。

数据偏移/移位:对日期或数值型数据进行加减一个固定值或百分比的处理,使原始数据在保持相对关系的同时变得难以追溯。

数据泛化:将数据细化程度降低,如将具体的城市名称替换为更广泛的地理区域(如省份或国家)。

数据加噪:在数据中添加随机噪声,以在保证数据可用性的同时降低数据的精确性,从而保护个人隐私。

这些技术手段可以根据具体的数据类型、用途和保护需求进行选择和组合使用,以实现最佳的数据脱敏效果。

试题二

【问题1】

参考答案　(1)需求分析、技术评估、资源调配、制订计划、团队培训和环境准备。

(2)安装前准备、安装步骤、部署策略、备份与恢复、验证与测试和文档记录。

试题解析　在准备产品集成阶段,项目经理小张应该采取以下活动进行准备。

需求分析:与客户及相关方深入沟通,明确产品集成的具体需求,包括功能、性能、兼容性等方面的要求。

技术评估:评估现有技术、工具和流程是否满足集成需求,必要时进行技术选型或升级。

资源调配:根据项目需求,调配人力、物力、财力等资源,确保集成工作的顺利进行。

制订计划:制订详细的产品集成计划,包括时间表、里程碑、任务分配等。

团队培训:对团队成员进行产品集成相关的技术培训,确保他们具备必要的技能和知识。

环境准备:搭建或准备产品集成所需的测试、生产等环境,确保环境的稳定性和安全性。

制定安装部署的规程主要包括以下内容。

安装前准备:检查硬件、软件环境是否满足安装要求,准备安装工具和材料。

安装步骤:详细列出安装过程中需要执行的步骤,包括安装软件、配置参数、测试连接等。

部署策略:根据项目的实际情况,选择合适的部署策略,如一次性部署、分阶段部署等。

备份与恢复:在安装前备份重要数据,制订恢复计划,以防安装过程中出现意外情况。

验证与测试:在安装完成后,进行功能验证和性能测试,确保系统正常运行并满足需求。

文档记录:详细记录安装部署过程中的关键步骤和配置信息,以便后续维护和故障排查。

【问题2】

参考答案　人力资源、物质资源、时间资源、资金资源、信息资源、合作伙伴资源等。

试题解析　在项目管理过程中，项目经理小张应该考虑调配以下资源：

人力资源：根据项目需求，调配具有相关技能和经验的项目团队成员，确保项目的顺利进行。

物质资源：包括硬件设备、软件许可、网络设备等物质资源，确保项目实施的物质基础。

时间资源：合理安排项目进度，确保项目在约定的工期内完成，同时考虑节假日、突发事件等因素对项目进度的影响。

资金资源：根据项目预算，合理分配和使用资金，确保项目实施的经费充足。

信息资源：收集、整理和分析项目相关的信息，如市场需求、技术趋势等，为项目决策提供依据。

合作伙伴资源：如果需要，与合作伙伴或供应商建立良好的合作关系，调配他们的资源来支持项目的实施。

【问题3】

参考答案　如果我是项目经理，在项目实施过程中，还可以从以下几个方面进行优化。

加强沟通管理：建立有效的沟通机制，确保项目团队成员之间、与客户及相关方之间的信息畅通无阻。定期召开项目会议，及时汇报项目进展和存在的问题。

优化风险管理：全面识别项目风险，制订有效的风险应对策略和预防措施。加强风险监控和报告机制，确保项目风险得到及时控制和解决。

提升质量管理：制订详细的质量计划和质量标准，加强质量监控和评估机制。确保项目交付物符合客户要求和行业标准。同时，注重持续改进，不断提升项目质量。

加强团队建设：注重团队成员的培养和激励，提升团队凝聚力和执行力。建立有效的团队沟通机制，促进团队成员之间的合作和协作。

优化资源配置：根据项目需求和实际情况，合理调配和优化人力资源、物质资源、时间资源等。确保资源的有效利用和最大化效益。同时，注重资源的可持续利用和环境保护。

试题三

【问题1】

参考答案　（1）D　（2）E

试题解析　防御型访问控制手段主要通过设置权限和规则来阻止未经授权的访问。访问控制软件是实现这一目的的关键工具，它能够根据预设的策略和规则，允许或拒绝用户访问特定的系统资源。

探测型访问控制手段侧重于在访问行为发生后进行监测和分析。日志审计通过记录和分析系统访问日志，能够发现潜在的未经授权访问行为，为安全审计和事件响应提供依据。

【问题2】

参考答案　（3）B　（4）C

试题解析　国家出于安全考虑，担心国外的密码算法和安全产品中可能隐藏有"后门"，这些"后门"可能被用于窃取敏感信息或在关键时刻对我国信息系统进行攻击。

长期依赖国外的密码算法和安全产品，会削弱我国的自主研发能力和技术创新动力。为了保障信息安全和促进信息技术发展，国家鼓励使用自主研发的密码算法和安全产品。

【问题3】

参考答案　企业在信息安全实践中可以采取的其他三项关键技术或管理措施包括：

防火墙技术：支持信息的保密性。防火墙能够监控和控制进出网络的数据流，阻止未经授权的访问和数据泄露。通过配置防火墙规则，企业可以限制外部用户访问内部敏感资源，从而保护信息的保密性。

入侵检测系统（IDS）：支持信息的完整性。IDS能够实时监控网络中的异常行为，包括未经授权的访问尝试、恶意软件攻击等。通过及时发现并响应这些威胁，IDS能够防止信息被篡改或损坏，从而维护信息的完整性。

数据备份与恢复策略：支持信息的可用性。数据备份与恢复策略能够确保在发生数据丢失或损坏时，企业能够迅速恢复业务运行和数据完整性。通过定期备份关键数据，并在需要时快速恢复，企业可以确保授权用户能够及时获取所需信息，从而保障信息的可用性。

试题四

【问题1】

参考答案　恢复方法：事务故障需撤销操作；系统故障需撤销未完成事务并重做已提交事务；介质故障需依赖备份和日志恢复。

故障类型：系统故障。

原因：信息系统故障导致数据库无法启动，表明系统异常导致事务未正常结束。

【问题2】

参考答案　数据库无法工作，业务中断；数据可能丢失或不一致；恢复需时间和资源。

【问题3】

参考答案　恢复措施：尝试自动恢复；手动撤销未完成事务；重做已提交事务；使用备份恢复（如介质故障）；监控和验证恢复过程。

试题五

【问题1】

参考答案　大龙软件公司在IT系统管理方面，应制定以下运作管理规章制度：日常作业调度、系统备份及恢复、输出管理和性能监控、安全管理和IT财务管理、IT服务计费及成本核算。

【问题2】

参考答案　大龙软件公司对外包商进行资格审查时，应重点关注外包商的以下三种能力：①社会形象和信誉——反映外包商在行业内的声誉和可靠性，是评估其是否值得合作的重要指标；②相关行业经验——体现外包商在类似项目中的实施能力和经验积累，有助于预测其在本项目中的表现；③引领或紧跟信息技术发展的能力——表明外包商的技术实力和创新能力，是确保项目技术先进性和可持续性的关键。

【问题3】

  参考答案 为了最大限度地保证公司IT项目的成功实施，控制外包风险的措施包括：①制订详细的外包合同——明确双方的权利、义务和责任，为合作提供法律保障；②制订项目规划——确保项目目标、范围、进度和预算的明确性，为项目执行提供指导；③关注市场和技术变化——及时调整项目策略，确保项目与外部环境保持同步；④识别和控制风险——建立风险管理体系，及时发现和应对潜在风险。

信息系统管理工程师机考试卷　第3套
基础知识卷

- 云计算具备的特点包括＿＿(1)＿＿。
  ①超大规模　②虚拟化　③按需服务　④专用性　⑤潜在的危险性
  (1) A. ①②③④　　　B. ②③④⑤　　　C. ①③④⑤　　　D. ①②③⑤
- 元宇宙的定义是＿＿(2)＿＿。
  (2) A. 元宇宙是一个与外部真实世界紧密相连的平行空间
  　　B. 元宇宙是一个虚拟世界，与现实世界映射与交互
  　　C. 元宇宙是一个整合多种新技术的互联网应用
  　　D. 元宇宙是一个数字化的社交体系
- 《"十四五"国家信息化规划》提出，坚持把发展经济着力点放在实体经济上，大力推进产业＿＿(3)＿＿协同转型。
  (3) A. 城镇化和区域化　　　　　　B. 工业化和农业现代化
  　　C. 信息化和数据化　　　　　　D. 数字化和绿色化
- 我国信息化发展的重点是数据治理、密码区块链技术、信息互联互通、＿＿(4)＿＿和网络安全。
  (4) A. 智能联网　　　　　　　　　B. 人工智能
  　　C. 大数据技术　　　　　　　　D. 云计算
- 在数字化转型过程中，企业面临的最大挑战通常是＿＿(5)＿＿。
  (5) A. 技术更新速度　　　　　　　B. 数据安全和隐私保护
  　　C. 组织结构和文化的转变　　　D. 初始投资成本
- 5G在信息传输模型中属于＿＿(6)＿＿。
  (6) A. 信源　　　B. 编码器　　　C. 译码器　　　D. 信道
- 在存储技术中，＿＿(7)＿＿不是解决大数据存储问题的常见策略。
  (7) A. 采用多层次安全策略
  　　B. 实现平稳的数据迁移
  　　C. 确保存储系统的高可用性和灾备恢复
  　　D. 增加存储介质的容量
- 计算机启动时使用的有关计算机硬件配置的重要参数保存在＿＿(8)＿＿中。
  (8) A. Cache　　　B. CMOS　　　C. RAM　　　D. CD-ROM

- 连接数据库过程中需要指定用户名和密码,这种安全措施属于___(9)___。
  - (9) A. 数据加密　　　　　　　　　B. 授权机制
    - C. 用户标识与鉴别　　　　　　D. 视图机制
- 以下关于MIDI的叙述中,不正确的是___(10)___。
  - (10) A. MIDI标准支持同一种乐器音色能同时发出不同音阶的声音
    - B. MIDI电缆上传输的是乐器音频采样信号
    - C. MIDI可以看作基于音乐乐谱描述信息的一种表达方式
    - D. MIDI消息的传输使用单向异步的数据流
- 在关系数据库中,以下___(11)___操作不属于基本的关系代数操作。
  - (11) A. 选择　　　B. 投影　　　C. 连接　　　D. 排序
- 以下___(12)___特性不是哈希函数应该具备的。
  - (12) A. 确定性　　　　　　　　　　B. 快速计算
    - C. 高碰撞阻力　　　　　　　　D. 可逆性
- 在采用三级模式结构的数据库系统中,如果对数据库中的表Emp创建聚簇索引,那么改变的是数据库的___(13)___。
  - (13) A. 模式　　　B. 内模式　　　C. 外模式　　　D. 用户模式
- 在某企业的信息综合管理系统设计阶段,如果员工实体在质量管理子系统中被称为"质检员",而在人事管理子系统中被称为"员工",这类冲突称为___(14)___。
  - (14) A. 语义冲突　　B. 命名冲突　　C. 属性冲突　　D. 结构冲突
- 在三层C/S(客户端/服务器)架构中,以下___(15)___组件通常不位于客户端层。
  - (15) A. 用户界面　　　　　　　　　B. 业务逻辑
    - C. 数据库访问　　　　　　　　D. 网络通信
- TOGAF参考模型中,提供的两个参考模型是___(16)___。
  - (16) A. TRM和ERMM　　　　　　B. III-RM和ERMM
    - C. TRM和III-RM　　　　　　D. ERMM和ECM
- 在结构化分析方法中,___(17)___不是常用的数据流图(DFD)组件。
  - (17) A. 过程　　　B. 数据存储　　　C. 实体　　　D. 数据流
- 在项目管理过程中,识别干系人的最重要目的是___(18)___。
  - (18) A. 制订项目计划　　　　　　　B. 分配项目资源
    - C. 确保项目成功　　　　　　　D. 了解项目需求
- 在项目执行过程中,项目经理发现实际成本(AC)低于计划成本(PV),表示___(19)___。
  - (19) A. 成本偏差(CV)为负,项目可能在成本上表现良好
    - B. 成本偏差(CV)为正,项目可能在成本上表现良好
    - C. 成本偏差(CV)为负,项目可能面临成本超支的风险
    - D. 成本偏差(CV)为正,项目可能面临成本节约的机会

- 在系统维护过程中，日志管理是确保系统安全性和可追踪性的关键。以下关于日志管理的说法错误的是___(20)___。

    (20) A. 日志管理可以帮助追踪系统的操作历史，便于故障排查和性能分析

    B. 日志管理通常包括日志的生成、收集、存储、分析和报告

    C. 日志管理可以实时监控系统状态，及时发现并响应异常行为

    D. 日志管理不需要考虑数据安全和隐私保护，因为日志内容通常不包含敏感信息

- 某企业信息系统采用分布式数据库系统，"当某一场地故障时，系统可以使用其他场地上的副本而不至于使整个系统瘫痪"称为分布式数据库的___(21)___。

    (21) A. 共享性　　　　B. 自治性　　　　C. 可用性　　　　D. 分布性

- 网络攻防演练的主要活动包括确定目标、___(22)___、确定参与者、进行演练、收集反馈、分析总结、持续改进。

    (22) A. 制订攻击计划　　　　　　　　B. 设计攻击场景

    C. 模拟攻防环境　　　　　　　　D. 制订攻击策略

- 数据库的设计过程可以分为需求分析、概念设计、逻辑设计、物理设计四个阶段，概念设计阶段得到的结果是___(23)___。

    (23) A. 数据字典描述的数据需求　　　　B. E-R 图表示的概念模型

    C. 某个 DBMS 所支持的数据模型　　D. 包括存储结构和存取方法的物理结构

- 在局域网（LAN）管理中，___(24)___措施不是提高网络性能的有效方法。

    (24) A. 增加网络带宽　　　　　　　　B. 优化网络拓扑结构

    C. 限制网络中每个用户的最大带宽　D. 定期更新网络设备固件

- 在防火墙管理中，___(25)___措施不是提高网络安全性的有效方法。

    (25) A. 定期更新防火墙规则　　　　　　B. 限制不必要的开放端口

    C. 关闭防火墙以简化网络配置　　　D. 使用复杂密码和多因素身份验证

- 为了便于研究和应用，可以从不同角度和属性将标准进行分类。根据适用范围分类，我国标准分为___(26)___级。

    (26) A. 7　　　　　B. 6　　　　　C. 4　　　　　D. 3

- 下列标准中，___(27)___是强制性国家标准。

    (27) A. GB 8567—1988　　　　　　　B. JB/T 6987—1993

    C. HB 6698—1993　　　　　　　D. GB/T 11457—2006

- 数据安全中构建安全领域"三道防线"包括___(28)___、管理防线、法律防线，是国家、政府机构、企业的关注重点。

    (28) A. 技术防线　　B. 总体防线　　C. 基础防线　　D. 网络防线

- 运维运行数据不包括的是___(29)___。

    (29) A. 运维操作数据　　　　　　　　B. 监控告警数据

    C. 运维知识数据　　　　　　　　D. 监控指标数据

● 在机房基础设施管理中，__(30)__ 不是确保机房稳定运行的关键。
　　(30) A．定期进行设备维护和检查
　　　　 B．实施严格的访问控制
　　　　 C．限制机房内部人员的活动范围
　　　　 D．使用非专业设备进行故障排查
● 使用正版软件对于企业而言至关重要，以下关于正版软件的说法错误的是__(31)__
　　(31) A．正版软件可以确保软件的安全性和稳定性
　　　　 B．正版软件通常包含官方的技术支持和更新服务
　　　　 C．使用正版软件可以避免法律风险和经济损失
　　　　 D．正版软件授权通常有时间限制，需要定期续费
● 甲经销商未经许可擅自复制并销售乙公司开发的办公自动化软件光盘，已构成侵权。丙企业在不知甲经销商侵犯乙公司著作权的情况下从甲经销商处购入 20 张并已安装使用。以下说法正确的是__(32)__。
　　(32) A．丙企业的使用行为不属于侵权，可以继续使用这 20 张软件光盘
　　　　 B．丙企业的使用行为属于侵权，需承担相应的法律责任
　　　　 C．丙企业向乙公司支付合理费用后，可以继续使用这 20 张软件光盘
　　　　 D．丙企业与甲经销商都应承担赔偿责任
● 关于项目管理的描述，不正确的是__(33)__。
　　(33) A．项目管理是将知识、技能、工具和技术应用于项目活动，以满足项目要求
　　　　 B．项目具有明确的目标和期限，而项目管理则关注于项目目标的实现
　　　　 C．项目管理不涉及项目团队的建设和管理，只关注项目本身的进度和成本
　　　　 D．项目管理包括启动、规划、执行、监控和收尾五个阶段
● 张某为完成公司交给的工作，作出了一项发明。张某认为虽然没有与公司约定专利申请权归属，但该项发明主要是自己利用业余时间完成的，可以个人名义申请专利。关于此项发明的专利申请权应归属__(34)__享有。
　　(34) A．张某　　　　　　　　　　　　　 B．张某和公司
　　　　 C．公司　　　　　　　　　　　　　 D．张某和公司约定的一方
● 企业生产及管理过程中所涉及的一切文件、资料、图表和数据等总称为__(35)__，它不同于其他资源（如材料、能源资源），是人类活动的高级财富。
　　(35) A．人力资源　　　　　　　　　　　 B．数据资源
　　　　 C．财力资源　　　　　　　　　　　 D．自然资源
● __(36)__作为重要的 IT 系统管理流程，可以解决 IT 投资预算、IT 成本、效益核算和投资评价等问题，从而为高层管理者提供决策支持。
　　(36) A．IT 财务管理　　　　　　　　　　 B．IT 可用性管理
　　　　 C．IT 性能管理　　　　　　　　　　 D．IT 资源管理

- 在 IT 系统管理的通用体系架构中，IT 基础架构管理的功能是确保 IT 基础架构的有效、安全、持续运行，并为服务管理提供必要的 IT 支持，这包括___(37)___。

    (37) A. 通过帮助服务台来实现用户日常运作过程中的故障管理、性能及可用性管理、日常作业管理等

    B. 包括 IT 组织结构和职能管理，通过达成的服务水平协议实现对业务的 IT 支持，不断改进 IT 服务

    C. 从 IT 技术角度监控和管理 IT 基础架构，提供自动处理功能和集成化管理，简化 IT 管理复杂度

    D. 负责制订 IT 策略和规划，确保 IT 资源与业务目标一致，支持业务增长和创新

- 从生命周期的观点来看，无论硬件还是软件，大致可分为规划和设计、开发（外购）和测试、实施、运营和终止等阶段。从时间角度来看，前三个阶段仅占生命周期的 20%，其余 80% 的时间基本上是在运营。因此，如果整个 IT 运作管理做得不好，就无法获得前期投资的收益，IT 系统不能达到它所预期的效果。为了改变这种现象，必须___(38)___。

    (38) A. 不断购置硬件、网络和系统软件　　B. 引入 IT 财务管理

    C. 引入 IT 服务理念　　D. 引入服务级别管理

- ___(39)___ 的目的是在出现故障的时候，依据事先约定的处理优先级别尽快恢复服务的正常运作。

    (39) A. 性能、能力管理　　B. 安全管理

    C. 故障管理　　D. 系统日常操作管理

- 系统日常操作日志应该为关键性的运作提供审核追踪记录，并保存合理时间段。利用日志工具定期对日志进行检查，以便监控例外情况并发现非正常的操作、未经授权的活动、___(40)___ 等。

    (40) A. 解决事故所需时间和成本　　B. 业务损失成本

    C. 平均无故障时间　　D. 作业完成情况

- 以下不属于信息系统开发方法的是___(41)___。

    (41) A. 结构化分析与设计法　　B. 面向对象分析与设计法

    C. 边写边改法　　D. 原型法

- 以下关于信息系统项目管理的说法中，不正确的是___(42)___。

    (42) A. 项目管理需要专门的组织　　B. 项目管理具有创造性

    C. 项目负责人在管理中起重要作用　　D. 项目管理工作相对简单

- 以下关于项目的说法中，不正确的是___(43)___。

    (43) A. 项目具有明确的目标　　B. 项目的组织结构是封闭的

    C. 项目的生命期有限　　D. 项目具有不确定性

- 关于 DHCP 的描述，不正确的是___(44)___。

    (44) A. DHCP 服务器可以为客户端动态分配 IP 地址及其他网络配置信息

    B. DHCP 客户端在网络中查找可用的 DHCP 服务器时，会广播 DHCP Discover 报文

C. DHCP 协议的工作流程包括 Discover、Offer、Request 和 Acknowledge 四个阶段
D. DHCP 协议不涉及 IP 地址的续租和释放过程

- 在软件工厂构成中，___(45)___不是软件工厂的关键组成部分。

(45) A. 标准化的软件组件　　　　　　B. 自动化工具链
　　　C. 跨功能团队协作　　　　　　　D. 手动编码过程

- 系统说明书应达到的要求包括___(46)___。
①全面　②系统　③准确　④翔实　⑤清晰　⑥重复

(46) A. ①②③　　B. ①②③④　　C. ①②③④⑤　　D. ①②③④⑤⑥

- 以下关于数据流图的说法中，不正确的是___(47)___。

(47) A. 数据流图是分层的，需要自顶向下逐层扩展
　　　B. 数据流图中的符号要布局合理，分布均匀
　　　C. 数据流图要反映数据处理的技术过程和处理方式
　　　D. 数据流图绘制过程中要与用户密切接触，不断修改

- 以下不属于系统详细设计的是___(48)___。

(48) A. 数据库设计　　　　　　　　　B. 输入输出设计
　　　C. 处理过程设计　　　　　　　　D. 模块化结构设计

- 以下关于功能模块设计原则的说法中，不正确的是___(49)___。

(49) A. 系统分解要有层次　　　　　　B. 模块大小要适中
　　　C. 适度控制模块的扇入扇出　　　D. 要有大量重复的数据冗余

- 在运维能力模型中，___(50)___不是国家标准 GB/T 28827.1《信息技术服务 运行维护 第 1 部分：通用要求》定义的运行维护服务能力体系的组成部分。

(50) A. 治理要求　　　　　　　　　　B. 运行维护服务能力体系
　　　C. 价值实现　　　　　　　　　　D. 信息安全管理

- 以下与程序设计风格无关的是___(51)___。

(51) A. 代码的正确性　　　　　　　　B. 标识符的命名
　　　C. 代码中的注释　　　　　　　　D. 代码的布局格式

- 在云服务产品规划设计中，___(52)___不是关键的设计考虑因素。

(52) A. 服务的可用性和可靠性　　　　B. 服务的性能和响应时间
　　　C. 服务的成本和定价策略　　　　D. 服务的物理部署位置

- 以下不属于黑盒测试方法的是___(53)___。

(53) A. 等价类划分法　　　　　　　　B. 边界值分析法
　　　C. 因果图法　　　　　　　　　　D. 路径覆盖法

- 某工厂已有一套 ERP 系统，但无法满足新的需求，要上线一套新的 ERP 系统，新系统上线后直接停用已有系统，这种系统转换方式属于___(54)___。

(54) A. 分段转换　　B. 直接转换　　C. 并行转换　　D. 串行转换

- 系统日常操作管理是整个 IT 管理中直接面向客户并且是最为基础的部分，从广义的角度讲，运行管理所反映的是 IT 管理的一些日常事务，它们除了确保基础架构的可靠性之外，还需要保证基础架构的运行始终处于最优的状态。下列选项中，不属于系统日常操作管理范围的是___（55）___。

    （55）A．企业财务状况评估及调度管理　　B．作业调度管理
    　　　 C．帮助服务台管理　　　　　　　　D．性能及可用性保障

- 现在的 IT 系统运行环境发生了很大变化，特别是分布式环境中的管理系统在管理复杂环境、提高管理生产率及应用的业务价值方面表现出了更好的优越性。这些优越性不包括下列选项中的___（56）___。

    （56）A．物联网络资源使用考核　　　　　B．跨平台管理
    　　　 C．可扩展性和灵活性　　　　　　　D．可视化的管理

- 服务级别协议（SLA）中，不包括___（57）___。

    （57）A．服务提供商与客户之间的合同　　B．定义要提供的服务和预期的性能水平
    　　　 C．描述如何衡量和批准性能　　　　D．规定服务提供商的财务赔偿条款

- IT 资源管理中，软件管理的范围涉及对软件资源的认定。下列选项中，___（58）___不属于软件资源。

    （58）A．操作系统、中间件　　　　　　　B．分布式环境软件、应用软件
    　　　 C．软件测试过程及设备测试过程　　D．应用表格、操作手册

- 在软件管理中，___（59）___是基础架构管理的重要组成部分，可以提高 IT 维护的自动化水平，并且大大减少维护 IT 资源的费用。

    （59）A．软件分发管理　　　　　　　　　B．软件生命周期和资源管理
    　　　 C．软件构件管理　　　　　　　　　D．软件资源的合法保护

- 现代计算机网络维护管理系统主要由管理对象、管理进程、管理协议和___（60）___四个要素组成。

    （60）A．管理信息库　　　　　　　　　　B．管理控制台
    　　　 C．管理信息模型　　　　　　　　　D．管理数据流

- 故障管理流程包含五项基本活动，其基本管理流程顺序是___（61）___。

    （61）A．故障调研、故障监视、故障支持、故障恢复、故障终止
    　　　 B．故障监视、故障调研、故障支持、故障恢复、故障终止
    　　　 C．故障支持、故障调研、故障监视、故障恢复、故障终止
    　　　 D．故障调研、故障监视、故障支持、故障终止、故障恢复

- 数据库故障中的事务故障是指事务在运行至正常终点前被终止，此时数据库可能处于不正确的状态，恢复程序要在不影响其他事务运行的情况下强行回滚该事务。恢复数据库需要完成的工作如下：

    ①对该事务的更新操作执行逆操作，将日志记录更新前的值写入数据库

②反向扫描日志文件，查找该事务的更新操作

③继续反向扫描日志文件，查找该事务的其他更新操作，做同样的处理

④如此处理下去，直到读到了此事务的开始标记

正确的恢复步骤是___（62）___。

（62）A. ④③②①　　　B. ①②③④　　　C. ③④②①　　　D. ②③①④

● 信息系统的安全管理中，物理安全主要包括三个方面。下列选项中，___（63）___不属于这三个方面。

（63）A. 环境安全　　　　　　　　B. 设施和设备安全

　　　C. 作业调度优先级安全　　　D. 介质安全

● 没有绝对安全的环境，每个环境都有一定程度的漏洞和风险。风险是指某种破坏或损失发生的可能性，风险管理是指识别、评估、降低风险到可以接受的程度。下列选项中，___（64）___不是风险管理的内容。

（64）A. 风险分析　　　　　　　　B. 发现并孤立风险

　　　C. 风险评估　　　　　　　　D. 风险控制

● 系统性能评价中的系统吞吐率指标是系统生产力的度量标准，描述了在给定时间内系统处理的工作量，一般是指单位时间内的工作量。其中 TPS 评价指标是指___（65）___。

（65）A. 系统每秒数据报文数　　　B. 系统每秒百万次浮点运算数

　　　C. 系统每秒处理的事务数量　D. 系统每秒百万次指令执行数

● 系统能力管理从一个动态的角度考察组织业务与系统基础设施之间的关系，这需要考虑三个方面的问题。下列选项中，___（66）___不属于这三个方面的内容。

（66）A. IT 系统能力与信息资源开发的范围和深度

　　　B. IT 系统的成本相对于组织的业务需求而言是否合理

　　　C. 现有 IT 系统的服务能力能否满足当前及将来的客户需求

　　　D. 现有的 IT 系统能力是否发挥了其最佳效能

● 能力管理是所有 IT 服务绩效和能力问题的核心。能力管理的高级活动项目有三方面内容。下列选项中，___（67）___不属于这三方面的内容。

（67）A. 需求管理　　　　　　　　B. 模拟测试

　　　C. 绩效和能力的加权评价　　D. 应用选型

● 根据信息系统的特点、系统评价的要求与具体评价指标体系的构成原则，可以从三个主要方面对信息系统进行评价。下列选项中，___（68）___不属于这三个方面的内容。

（68）A. 技术性能评价　　　　　　B. 管理效益评价

　　　C. 经济效益评价　　　　　　D. 人员效能评价

● 在数据分析和机器学习项目中，数据预处理是至关重要的一步。以下关于数据预处理的说法错误的是___（69）___。

（69）A. 数据预处理包括数据清洗、转换、离散化和规范化等步骤

B. 数据预处理的目的是提高数据质量，适合分析和建模

C. 数据预处理可以处理缺失值、异常值和重复数据

D. 数据预处理不需要考虑数据隐私和安全性

● 在 IT 系统运营过程中，经过故障查明和记录，基本上能得到可以获取的故障信息，接下来就是故障的初步支持，这里强调初步的目的是___（70）___。

（70）A. 为了尽可能快地恢复用户的正常工作，尽量避免或减少故障对系统服务的影响

B. 先简要说明故障当前所处的状态

C. 尽可能快地把发现的权宜措施提供给客户

D. 减少处理所花费的时间

● A business intelligence system ___（71）___ corporate decision-makers with timely and accurate information that they need to formulate strategies. Initially, these systems were designed for straight forward tasks such ___（72）___ monitoring sales figures, tracking customer behaviors, or managing employee data, with minimal analytical capabilities. Gradually, as technological advancements were made, these systems evolved to handle more sophisticated data processing and ___（73）___ previously disconnected databases. By integrating vast amounts of data and analyzing them in depth, decision-makers aimed to gain a comprehensive understanding and identify key trends from the raw, stored ___（74）___. Initially, the phrase "BIS" (Business Intelligence System) referred to systems that offered managers insights into financial performance, market trends, and other data essential for ___（75）___ business operations effectively. Today, the scope of BIS has expanded to encompass advanced analytics, predictive modeling, competitive intelligence, and even real-time data visualization tools.

（71）A. furnishes   B. imparts   C. procures   D. provides
（72）A. as   B. like   C. such as   D. including
（73）A. amalgamating   B. accumulating   C. Aggregating   D. alienating
（74）A. numbers   B. words   C. information   D. statistics
（75）A. optimizing   B. overseeing   C. operating   D. orchestrating

信息系统管理工程师机考试卷　第3套
应用技术卷

试题一（15分）

阅读下列说明，回答【问题1】至【问题3】。

【说明】小王是大龙信息集团的高级工程师，主要负责数据中心管理工作。随着集团业务的快速发展，需要对现有的数据中心进行升级改造，大龙博士要求小王尽快完成，投入运营。

小王召开专项技术组会，按照前期需求，对工作进行了分工。

升级过程中，随着设备的增加，原有的供电系统不能满足。小王找到了UPS供电中心的刘工，但是刘工并不知道具体需求，两人争执不下。最后，在大龙博士的协调下，升级工作才得以继续进行。

升级完成后，项目部负责人反馈，目前正在施工的项目存储资源无法调度，客户意见很大。

【问题1】（5分）
小王在数据中心升级项目中，遇到了哪些问题？

【问题2】（5分）
数据中心管理的对象都有哪些？

【问题3】（5分）
对于项目部提出的故障，小王应该如何处理？

试题二（15分）

阅读下列说明，回答【问题1】至【问题3】。

【说明】目前有一部分企业的IT管理还处在IT技术及运作管理层，即主要侧重于对IT基础设施本身的技术性管理工作。为了提升IT管理工作水平，必须协助企业在实现有效IT技术及运作管理的基础之上，通过进行IT系统管理的规划、设计和建立完成IT战略规划，真正实现IT与企业业务目标的融合。

为了完成上述转变，要求企业相应地改变IT部门在组织架构中的定位，同时把IT部门从仅为业务部门提供IT支持的辅助部门改造成一个成本中心，甚至利润中心。一方面以先进的管理理念和方法、标准来为业务部门提供高质量、低成本、高效率的IT支持服务，同时依照约定的服务级别协议、监控IT服务并评价最终结果；另一方面也使IT部门所提供的服务透明化，不仅让业务部门，更让企业高层管理者清楚地知道IT部门提供了什么服务。通过将企业战略目标与信息系统整体部署，从不同层次和角度的结合来促进企业信息化建设工作。

【问题1】（5分）

企业在"IT 系统"上巨大的投资没有达到所期望的效果，业界称之为"信息悖论"现象，请说明企业可以采取哪些管理手段，引入哪些措施来避免"信息悖论"，提高投资效益。

【问题2】（6分）

请简要叙述，为了使 IT 部门组织架构及职责充分支持 IT 战略规划并使 IT 与业务目标趋于一致，IT 部门进行组织及职责设计时应该注重哪些原则。

【问题3】（4分）

如果将 IT 部门定位为成本中心或利润中心，使 IT 部门从 IT 支持角色转变为 IT 服务角色。请针对成本中心与利润中心分析二者的管理有何不同。

试题三（15分）

阅读下列说明，回答【问题1】至【问题3】。

【说明】 A 公司负责了一个可视化系统建设项目，涉及基础环境升级、软硬件采购和系统开发等多个环节。小刘被任命为项目经理，负责整个项目的推进。

在项目启动阶段，小刘与各部门领导沟通后，组建了一个由近期无其他任务的员工组成的团队，并指派了一名质量工程师来负责编写人力资源管理计划。

为了简化管理流程，小刘决定对所有团队成员使用相同的考核标准和评价方法，并承诺达到考核标准的成员将获得奖金。他还为团队成员申请了加班补贴，并安排了一个大会议室作为团队的集中办公地点。

在项目中期的一次月度会议上，一些团队成员表达了他们的不满：一是加班过多，影响了他们的家庭和生活；二是奖金分配不公平。小刘认为公司已经按照劳动法支付了加班费用，团队成员应该接受加班安排，同时他认为绩效考核是公正和透明的，奖金的多少取决于个人的努力。因此，他没有对这些不满做出回应。

随着时间的推移，团队成员的士气下降，部分员工选择离职。同时，由于特殊情况，团队无法继续在办公室集中工作，需要转为远程办公。这些意外情况导致项目进度严重落后，客户对此表示不满。

小刘紧急协调其他技术部门提供支持，但由于团队成员的离职和远程办公的挑战，项目进度仍然严重滞后。

【问题1】（8分）

结合案例，请指出项目在人力资源管理方面存在的问题。

【问题2】（4分）

结合案例，采取远程办公方式后，项目经理在项目沟通管理计划中应该做哪些调整？

【问题3】（3分）

判断下列选项的正误。

（1）在组建项目团队过程中，如果人力资源不足或人员能力不足会降低项目成功的概率，甚至可能导致项目取消。   （   ）
（2）项目人力资源管理计划的编制应在项目管理计划之前完成。   （   ）
（3）解决冲突的方法包括问题解决、合作、强制、妥协、求同存异、撤退。   （   ）

试题四（15分）

阅读下列说明，回答【问题1】至【问题3】。

【说明】政务云是地方政务数字化转型的关键基础设施。地方政府通过政务云建设，实现地方电子政务的集约化发展，为下一步政务大数据、互联网+政务服务等发展奠定了平台基础，创造了可持续发展的条件。

在某地市级政务私有云平台中的项目，需要对原有多部门系统数据对接，同时和上级平台数据对接。项目要求对原有数据进行重新组织和梳理，因为涉及诸多数据，项目组成立了数据治理委员会和数据管理办公室。

同时，按照网络安全和数据安全相关法律要求，需要进行等级测评。

【问题1】（6分）
数据组织的模式分别有哪些？本项目适合哪种模式？

【问题2】（6分）
（1）数据治理委员会的职责有哪些？
（2）数据管理办公室的职责有哪些？

【问题3】（3分）
本项目中的网络安全和数据安全等级测评为几级比较合适？

试题五（15分）

阅读下列说明，回答【问题1】至【问题3】。

【说明】攻防演练是一种模拟真实攻击和防御的活动，旨在评估和提高组织的安全防护能力。某企业为提升网络安全防护能力，举行了一次模拟攻防演练。红队通过SQL注入攻击成功渗透企业数据库，获取了大量敏感信息。蓝队通过入侵检测系统（IDS）及时发现异常流量，迅速响应，隔离受感染系统，并进行安全加固，最终阻止了进一步的数据泄露。

【问题1】（4分）
红队使用的SQL注入攻击是什么？

【问题2】（5分）
蓝队如何及时发现异常流量？

【问题3】（6分）
蓝队在发现攻击后采取了哪些措施？

信息系统管理工程师机考试卷 第3套
基础知识卷参考答案与试题解析

（1）**参考答案**：D

试题解析 云计算的特点包括超大规模（①）、虚拟化（②）、按需服务（③）和潜在的危险性（⑤）。这些特点共同定义了云计算的基本属性和潜在风险。专用性（④）并不是云计算的特点，云计算强调的是资源共享和多租户环境，而不是专用资源。

（2）**参考答案**：B

试题解析 元宇宙被定义为一个虚拟世界，与现实世界有着映射和交互的关系（选项B）。这与其他选项描述的元宇宙概念不符。选项A描述的是平行空间，选项C强调的是技术整合，选项D则侧重于社交体系，都没有准确捕捉到元宇宙与现实世界的关系。

（3）**参考答案**：D

试题解析 《"十四五"国家信息化规划》提出，坚持把发展经济的着力点放在实体经济上，大力推进产业数字化和绿色化协同转型（选项D）。这反映了国家对于产业升级和可持续发展的重视。选项A、B和C虽然也涉及发展，但不是规划中强调的重点。

（4）**参考答案**：C

试题解析 我国信息化发展的重点包括数据治理、密码区块链技术、信息互联互通、大数据技术和网络安全。大数据技术是信息化发展的核心，因为它涉及海量数据的收集、存储、分析和应用。智能联网（选项A）、人工智能（选项B）和云计算（选项D）也是信息化发展的重要组成部分，但在这个问题中，大数据技术是正确的选项。

（5）**参考答案**：C

试题解析 在数字化转型过程中，企业面临的最大挑战通常是组织结构和文化的转变（选项C）。这涉及企业内部流程、工作方式和思维模式的根本改变，以适应数字化的要求。技术更新速度（选项A）、数据安全和隐私保护（选项B）以及初始投资成本（选项D）也是转型过程中的挑战，但组织和文化的转变是最为根本和深远的。

（6）**参考答案**：D

试题解析 5G在信息传输模型中属于信道（选项D），它是信息传输的媒介，负责承载和传输信息。信源（选项A）、编码器（选项B）和译码器（选项C）是信息处理的其他环节，分别负责信息的产生、编码和解码。

（7）参考答案：A

试题解析　在存储技术中，不是解决大数据存储问题的常见策略是采用多层次安全策略（选项A）。这一策略更多关注数据的安全性，而非存储容量或性能。实现平稳的数据迁移（选项B）、确保存储系统的高可用性和灾备恢复（选项C）以及增加存储介质的容量（选项D）是解决大数据存储问题的常见策略。

（8）参考答案：B

试题解析　计算机启动时使用的有关计算机硬件配置的重要参数保存在CMOS（选项B）中。CMOS是一种存储设备，用于保存BIOS设置和硬件配置信息。Cache（选项A）是高速缓冲存储器，RAM（选项C）是随机存取存储器，CD-ROM（选项D）是光盘只读存储器，它们不用于存储硬件配置参数。

（9）参考答案：C

试题解析　连接数据库过程中需要指定用户名和密码，这种安全措施属于用户标识与鉴别（选项C）。数据加密（选项A）和授权机制（选项B）是其他安全措施，而视图机制（选项D）是数据库中用于控制数据访问的逻辑结构。

（10）参考答案：B

试题解析　MIDI（音乐乐器数字接口）传输的是关于音乐表现的数字信号，而不是音频采样信号。MIDI标准支持同一种乐器音色能同时发出不同音阶的声音（选项A）、可以看作基于音乐乐谱描述信息的一种表达方式（选项C）以及MIDI消息的传输使用单向异步的数据流（选项D）都是正确的描述。

（11）参考答案：D

试题解析　基本的关系代数操作包括选择（选项A）、投影（选项B）和连接（选项C）。这些操作是关系数据库理论的基础，用于查询和操作关系数据。

（12）参考答案：D

试题解析　哈希函数应该具备的特性包括确定性（选项A）、快速计算（选项B）和高碰撞阻力（选项C）。哈希函数的设计目的是将输入数据映射到固定长度的输出，且这一过程是单向的，不可逆。

（13）参考答案：B

试题解析　在采用三级模式结构的数据库系统中，如果对数据库中的表Emp创建聚簇索引，那么改变的是数据库的内模式（选项B）。聚簇索引影响数据在存储层面的物理组织，而不直接影响模式（选项A）、外模式（选项C）或用户模式（选项D）。

（14）参考答案：B

试题解析　在某企业的信息综合管理系统设计阶段，如果员工实体在质量管理子系统中被称为"质检员"，而在人事管理子系统中被称为"员工"，这类冲突称为命名冲突（选项B）。语义冲突（选项A）涉及不同系统对同一概念的不同理解，属性冲突（选项C）涉及数据属性的定义差异，结构冲突（选项D）涉及数据结构的不同表示。

（15）**参考答案**：B

试题解析　在三层 C/S（客户端/服务器）架构中，业务逻辑（选项 B）通常不位于客户端层。用户界面（选项 A）、数据库访问（选项 C）和网络通信（选项 D）是客户端层可能包含的组件，而业务逻辑则主要运行在服务器端，负责处理应用程序的核心功能。

（16）**参考答案**：A

试题解析　TOGAF 参考模型中，提供的两个参考模型是技术参考模型（TRM）和企业参考模型（ERMM）（选项 A）。这两个模型分别从技术层面和企业架构层面提供了架构设计的参考框架。III-RM（选项 B 和 C）和 ECM（选项 D）不是 TOGAF 参考模型中的模型。

（17）**参考答案**：C

试题解析　在结构化分析方法中，实体（选项 C）不是常用的数据流图（DFD）组件。数据流图的组件包括过程（选项 A）、数据存储（选项 B）和数据流（选项 D），它们共同描述了系统中数据的流动和处理过程。实体通常用于表示现实世界中的对象或概念，而不是 DFD 的一部分。

（18）**参考答案**：C

试题解析　在项目管理过程中，识别干系人的最重要目的是确保项目成功（选项 C）。通过识别干系人，项目经理可以了解他们的需求和期望，从而制订有效的项目计划、分配资源，并最终实现项目目标。制订项目计划（选项 A）、分配项目资源（选项 B）和了解项目需求（选项 D）也是识别干系人的目的，但它们都是为了确保项目成功而服务的。

（19）**参考答案**：B

试题解析　在项目执行过程中，项目经理发现实际成本（AC）低于计划成本（PV），表示成本偏差（CV）为正（选项 B），项目可能在成本上表现良好。成本偏差是计划成本与实际成本之间的差值，正值表示项目在成本控制方面表现良好，而负值则表示成本超支。

（20）**参考答案**：D

试题解析　日志管理是确保系统安全性和可追踪性的关键，它可以帮助追踪系统的操作历史，便于故障排查和性能分析（选项 A），通常包括日志的生成、收集、存储、分析和报告（选项 B），并且可以实时监控系统状态，及时发现并响应异常行为（选项 C）。日志内容可能包含敏感信息，如用户身份信息、操作细节等。因此，日志管理必须考虑数据安全和隐私保护，以防止这些信息被泄露或滥用。

（21）**参考答案**：C

试题解析　某企业信息系统采用分布式数据库系统，"当某一场地故障时，系统可以使用其他场地上的副本而不至于使整个系统瘫痪"称为分布式数据库的可用性（选项 C）。共享性（选项 A）指的是数据在不同场地之间的共享，自治性（选项 B）指的是每个场地可以独立操作，分布性（选项 D）指的是数据和处理的地理分布。可用性强调的是系统的鲁棒性和在部分故障情况下的持续服务能力。

（22）**参考答案**：B

试题解析　网络攻防演练的主要活动包括确定目标、设计攻击场景（选项 B）、确定参与者、进行演练、收集反馈、分析总结、持续改进。模拟攻防环境（选项C）是攻防演练中的关键步骤，它为攻击和防御提供了一个仿真的实际操作环境，使得演练更加接近真实情况。

（23）**参考答案**：B

试题解析 数据库的设计过程分为需求分析、概念设计、逻辑设计、物理设计四个阶段。在概念设计阶段得到的结果是E-R图表示的概念模型（选项B）。E-R图（实体-关系图）是一种用来描述数据实体类型、属性及其间联系的图形工具。数据字典描述的数据需求（选项A）是需求分析阶段的成果，某个DBMS所支持的数据模型（选项C）是逻辑设计阶段要考虑的内容，包括存储结构和存取方法的物理结构（选项D）是物理设计阶段的结果。

（24）**参考答案**：C

试题解析 在局域网（LAN）管理中，提高网络性能的有效方法包括增加网络带宽（选项A）、优化网络拓扑结构（选项B）和定期更新网络设备固件（选项D）。限制网络中每个用户的最大带宽（选项C）可能会降低个别用户的网络体验，不是提高网络性能的有效方法，而是网络管理中用于平衡网络资源的一种策略。

（25）**参考答案**：C

试题解析 在防火墙管理中，提高网络安全性的有效方法包括定期更新防火墙规则（选项A）、限制不必要的开放端口（选项B）和使用复杂密码和多因素身份验证（选项D）。关闭防火墙以简化网络配置（选项C）会降低网络安全性，因为防火墙是保护内部网络不受外部攻击的重要屏障。

（26）**参考答案**：D

试题解析 根据适用范围分类，我国标准分为3级（选项D），包括国家标准、行业标准和地方标准。这三级标准分别适用于全国、特定行业和地方区域，以确保标准的适用性和有效性。

（27）**参考答案**：A

试题解析 在列出的标准中，GB 8567—1988是强制性国家标准（选项A）。GB/T 11457—2006（选项D）是推荐性国家标准，JB/T 6987—1993（选项B）和HB 6698—1993（选项C）分别是机械行业标准和航空行业标准，它们不是强制性国家标准。

（28）**参考答案**：A

试题解析 数据安全中构建安全领域的"三道防线"包括技术防线（选项A）、管理防线和法律防线。技术防线涉及使用技术手段保护数据安全，如加密、访问控制等。总体防线（选项B）、基础防线（选项C）和网络防线（选项D）不是"三道防线"中的术语。

（29）**参考答案**：C

试题解析 运维运行数据不包括运维知识数据（选项C）。运维操作数据（选项A）、监控告警数据（选项B）和监控指标数据（选项D）都是运维过程中收集的关键数据，用于监控和优化运维活动。

（30）**参考答案**：D

试题解析 在机房基础设施管理中，确保机房稳定运行的关键不包括使用非专业设备进行故障排查（选项 D）。定期进行设备维护和检查（选项 A）、实施严格的访问控制（选项 B）和限制机房内部人员的活动范围（选项 C）是确保机房稳定运行的重要措施。

（31）参考答案：D

试题解析 正版软件通常提供完整的功能和长期的使用权，而不是有时间限制的授权。正版软件可以确保软件的安全性和稳定性（选项 A）、包含官方的技术支持和更新服务（选项 B）以及避免法律风险和经济损失（选项 C）。

（32）参考答案：B

试题解析 甲经销商未经许可擅自复制并销售乙公司开发的办公自动化软件光盘，已构成侵权。丙企业在不知情的情况下从甲经销商处购入并使用，但根据著作权法，使用侵权软件也属于侵权行为，因此丙企业需承担相应法律责任（选项 B）。丙企业不能因为不知情而免责，也不能继续使用侵权软件。

（33）参考答案：C

试题解析 项目管理实际上包括团队建设、人员管理、沟通协调等多方面工作，而不仅仅是关注项目的进度和成本。项目管理是将知识、技能、工具和技术应用于项目活动，以满足项目要求（选项 A），具有明确的目标和期限（选项 B），并且包括启动、规划、执行、监控和收尾五个阶段（选项 D）。

（34）参考答案：C

试题解析 张某为完成公司交给的工作，作出了一项发明。根据相关法律规定，职务发明的专利申请权归属于公司（选项 C）。即使张某利用业余时间完成发明，但由于发明与公司业务相关，专利申请权仍归公司所有。张某和公司（选项 B）以及张某个人（选项 A）都不单独享有专利申请权。张某和公司约定的一方（选项 D）也不适用于这种情况。

（35）参考答案：B

试题解析 企业生产及管理过程中所涉及的一切文件、资料、图表和数据等总称为数据资源（选项 B）。数据资源是企业的重要资产，不同于人力资源（选项 A）、财力资源（选项 C）和自然资源（选项 D），它是人类活动产生的信息财富。

（36）参考答案：A

试题解析 作为重要的 IT 系统管理流程，IT 财务管理可以解决 IT 投资预算、IT 成本、效益核算和投资评价等问题，从而为高层管理者提供决策支持（选项 A）。IT 可用性管理（选项 B）、IT 性能管理（选项 C）和 IT 资源管理（选项 D）也是重要的 IT 管理流程，但它们主要关注可用性、性能和资源分配，而不是财务决策支持。

（37）参考答案：C

试题解析 在 IT 系统管理的通用体系架构中，IT 基础架构管理的功能是确保 IT 基础架构的有效、安全、持续运行，并为服务管理提供必要的 IT 支持，这包括从 IT 技术角度监控和管理 IT 基础架构，提供自动处理功能和集成化管理，简化 IT 管理复杂度（选项 C）。通过帮助服务台来实现用户日常运作过程中的故障管理、性能及可用性管理、日常作业管理等（选项 A）是服务台管理

67

的内容。包括IT组织结构和职能管理，通过达成的服务水平协议实现对业务的IT支持，不断改进IT服务（选项B）是服务管理的内容。负责制订IT策略和规划，确保IT资源与业务目标一致，支持业务增长和创新（选项D）是IT战略管理的内容。

（38）**参考答案**：D

试题解析 从生命周期的观点来看，无论硬件还是软件，大致可分为规划和设计、开发（外购）和测试、实施、运营和终止等阶段。从时间角度来看，前三个阶段仅占生命周期的20%，其余80%的时间基本上是在运营。因此，如果整个IT运作管理做得不好，就无法获得前期投资的收益，IT系统不能达到它所预期的效果。为了改变这种现象，必须引入服务级别管理（选项D）。服务级别管理可以帮助确保IT服务满足业务需求，提高运营效率和服务质量。

（39）**参考答案**：C

试题解析 故障管理（选项C）的目的是在出现故障的时候，依据事先约定的处理优先级别尽快恢复服务的正常运作。故障管理是IT服务管理中的一个关键过程，它确保在出现故障时能够快速响应和恢复服务，以减少对业务的影响。

（40）**参考答案**：B

试题解析 系统日常操作日志应该为关键性的运作提供审核追踪记录，并保存合理时间段。利用日志工具定期对日志进行检查，以便监控例外情况并发现非正常的操作、未经授权的活动、业务损失成本（选项B）等。解决事故所需时间和成本（选项A）、平均无故障时间（选项C）和作业完成情况（选项D）也是日志管理中需要关注的内容，但它们不是本题的正确选项。

（41）**参考答案**：C

试题解析 结构化分析与设计法（选项A）、面向对象分析与设计法（选项B）和原型法（选项D）都是常见的信息系统开发方法。边写边改法不是一种系统化的开发方法，而是一种非正式、迭代的开发方式。

（42）**参考答案**：D

试题解析 项目管理是一个复杂的过程，需要专门的组织（选项A），项目管理具有创造性（选项B），项目负责人在管理中起重要作用（选项C）。项目管理工作涉及多个方面，包括规划、组织、监督和控制，以确保项目目标的实现。

（43）**参考答案**：B

试题解析 项目的生命期有限（选项C）和项目具有不确定性（选项D）是项目的基本特征，而项目的组织结构可以是开放的，也可以是封闭的，这取决于项目的具体情况和管理需求。因此，说项目的组织结构是封闭的（选项B）是不正确的，因为项目的组织结构可以灵活多变，以适应不同的项目环境和需求。

（44）**参考答案**：D

试题解析 DHCP协议的工作流程包括Discover、Offer、Request和Acknowledge四个阶段，用于为客户端动态分配IP地址及其他网络配置信息（选项A），DHCP客户端在网络中查找可用的DHCP服务器时，会广播DHCP Discover报文（选项B），这些描述都是正确的。然而，DHCP协议确实涉及 IP 地址的续租和释放过程，这是 DHCP 管理 IP 地址生命周期的一部分，因此选项 D 是不正确的。

（45）**参考答案**：D

试题解析　在软件工厂构成中，软件工厂的关键组成部分包括标准化的软件组件（选项 A）、自动化工具链（选项 B）和跨功能团队协作（选项 C）。这些组成部分共同支持高效的软件开发和生产。手动编码过程（选项 D）不是软件工厂的关键组成部分，因为软件工厂强调的是自动化和标准化，以提高开发效率和质量。

（46）**参考答案**：C

试题解析　系统说明书应达到的要求包括全面（①）、系统（②）、准确（③）、翔实（④）和清晰（⑤）。这些要求确保系统说明书能够完整、准确地描述系统的功能和特性，便于理解和实施。重复（⑥）并不是系统说明书的一个要求，因此选项 C 是正确的。

（47）**参考答案**：C

试题解析　数据流图是分层的，需要自顶向下逐层扩展（选项 A），数据流图中的符号要布局合理，分布均匀（选项 B），并且数据流图绘制过程中要与用户密切接触，不断修改（选项 D），这些都是数据流图绘制的正确做法。然而，数据流图主要描述的是数据在系统中的流动，而不是具体的数据处理技术过程和处理方式，因此选项 C 是不正确的。

（48）**参考答案**：D

试题解析　系统详细设计包括数据库设计（选项 A）、输入输出设计（选项 B）和处理过程设计（选项 C），这些都是详细设计阶段的关键任务。模块化结构设计（选项 D）是系统设计阶段的一部分，它涉及将系统分解为模块，而不是详细设计的具体内容。

（49）**参考答案**：D

试题解析　功能模块设计原则包括系统分解要有层次（选项 A）、模块大小要适中（选项 B）和适度控制模块的扇入扇出（选项 C），这些都是为了确保模块的合理性和系统的可维护性。要有大量重复的数据冗余（选项 D）并不是功能模块设计的原则，实际上，设计时应尽量避免数据冗余，以减少数据不一致和存储空间的浪费。

（50）**参考答案**：C

试题解析　国家标准《信息技术服务 运行维护 第1部分：通用要求》（GB/T 28827.1）定义的运行维护服务能力体系的组成部分包括治理要求（选项 A）、运行维护服务能力体系（选项 B）和信息安全管理（选项 D）。价值实现（选项 C）不是该标准定义的运行维护服务能力体系的组成部分。

（51）**参考答案**：A

试题解析　程序设计风格涉及标识符的命名（选项 B）、代码中的注释（选项 C）和代码的布局格式（选项 D），这些都是影响代码可读性和维护性的重要因素。代码的正确性（选项 A）虽然是编程的基本要求，但它不是程序设计风格的一部分，而是编程质量的衡量标准。

(52) 参考答案：D

▶试题解析　在云服务产品规划设计中，关键的设计考虑因素包括服务的可用性和可靠性（选项A）、服务的性能和响应时间（选项B）以及服务的成本和定价策略（选项C）。服务的物理部署位置（选项D）虽然是服务实施的一个方面，但它不是产品设计和规划的关键考虑因素，因为云服务的特点是抽象物理位置，强调服务的可达性和可用性。

(53) 参考答案：D

▶试题解析　黑盒测试方法包括等价类划分法（选项A）、边界值分析法（选项B）和因果图法（选项C），这些方法都是不依赖于程序内部结构和实现的测试技术。路径覆盖法（选项D）是白盒测试方法，它基于程序的内部路径和结构进行测试，因此不属于黑盒测试方法。

(54) 参考答案：B

▶试题解析　系统转换方式中，分段转换（选项A）涉及逐步替换系统的各个部分，而直接转换（选项B）是指新系统上线后直接停用已有系统。并行转换（选项C）是指新旧系统同时运行一段时间，串行转换（选项D）是指按顺序逐步进行转换。根据题目描述，新系统上线后直接停用已有系统，属于直接转换。

(55) 参考答案：A

▶试题解析　系统日常操作管理范围主要包括作业调度管理（选项B）、帮助服务台管理（选项C）和性能及可用性保障（选项D）。企业财务状况评估及调度管理（选项A）不属于系统日常操作管理的范围，因为它涉及的是企业的财务管理，而不是IT系统的运行管理。

(56) 参考答案：A

▶试题解析　分布式环境中的管理系统的优越性包括跨平台管理（选项B）、可扩展性和灵活性（选项C）以及可视化的管理（选项D）。物联网络资源使用考核（选项A）虽然也是分布式管理系统的一个方面，但它不是管理系统在管理复杂环境、提高管理生产率及应用的业务价值方面表现出的优越性之一。

(57) 参考答案：D

▶试题解析　服务级别协议（SLA）中通常包括服务提供商与客户之间的合同（选项A）、定义要提供的服务和预期的性能水平（选项B）以及描述如何衡量和批准性能（选项C）。规定服务提供商的财务赔偿条款（选项D）通常不是SLA的直接内容，而是在服务未能达到SLA中规定的水平时，可能触发的合同条款。

(58) 参考答案：C

▶试题解析　软件资源包括操作系统、中间件（选项A）、分布式环境软件、应用软件（选项B），这些都是软件管理的范围。软件测试过程及设备测试过程（选项C）不属于软件资源，而是软件质量管理的一部分，它们是确保软件质量的方法和过程。

(59) 参考答案：B

▶试题解析　在软件管理中，软件生命周期和资源管理（选项B）是基础架构管理的重要组成部分，可以提高IT维护的自动化水平，并且大大减少维护IT资源的费用。软件分发管理（选项A）

和软件构件管理（选项C）也是软件管理的重要方面，但它们不是基础架构管理的核心组成部分。软件资源的合法保护（选项D）涉及版权和合规性，而不是基础架构管理的自动化和费用降低。

（60）**参考答案**：A

试题解析　管理信息库是现代计算机网络维护管理系统中的一个基本组成部分，它与其他三个要素（管理对象、管理进程、管理协议）紧密协作，共同实现对网络的有效管理。管理控制台（选项B）通常是网络管理员与网络管理系统进行交互的工具。虽然它是网络管理系统中的一个重要组件，但它更多的是一个用户界面，而不是网络管理系统的基础构成要素之一。管理信息模型（选项C）定义了网络管理中信息的结构和组织方式。它有助于标准化和规范化网络管理信息的表示和交换。然而，与管理信息库相比，管理信息模型更多的是一个概念性框架，而不是一个具体的、物理上存在的数据库或存储库。管理数据流（选项D）指的是在网络管理过程中传输的数据。它是网络管理活动的一个结果，而不是网络管理系统的构成要素。

（61）**参考答案**：B

试题解析　故障管理流程包含五项基本活动，其基本管理流程顺序是故障监视、故障调研、故障支持、故障恢复、故障终止（选项B）。这些活动确保了从故障检测到最终解决的全过程管理。

（62）**参考答案**：D

试题解析　数据库故障中的事务故障恢复要完成的工作包括：首先反向扫描日志文件，查找该事务的更新操作（②），然后继续反向扫描日志文件，查找该事务的其他更新操作，做同样的处理（③），接着对该事务的更新操作执行逆操作，将日志记录更新前的值写入数据库（①），最后如此处理下去，直到读到了此事务的开始标记（④）。因此，正确的恢复步骤是②③①④（选项D）。

（63）**参考答案**：C

试题解析　信息系统的安全管理中，物理安全主要包括环境安全（选项A）、设施和设备安全（选项B）和介质安全（选项D）。作业调度优先级安全（选项C）不属于物理安全的三个方面，它更多地涉及系统的操作和管理层面。

（64）**参考答案**：B

试题解析　风险管理的内容主要包括风险分析（选项A）、风险评估（选项C）和风险控制（选项D）。发现并孤立风险（选项B）不是风险管理的标准内容，风险管理的目标是识别、评估风险，并采取措施降低风险，而不是孤立风险。

（65）**参考答案**：C

试题解析　TPS（Transactions Per Second）是衡量系统吞吐率的指标，指的是系统每秒处理的事务数量（选项C）。这个指标反映了系统在单位时间内能处理的工作量，是评价系统性能的重要参数。系统每秒数据报文数（选项A）、系统每秒百万次浮点运算数（选项B）和系统每秒百万次指令执行数（选项D）也是系统性能的评价指标，但它们分别衡量的是网络通信量、计算能力和指令处理速度，而不是事务处理能力。

（66）**参考答案**：D

试题解析　系统能力管理需要考虑的三个方面的问题包括IT系统能力与信息资源开发的范

围和深度（选项 A）、IT 系统的成本相对于组织的业务需求而言是否合理（选项 B）以及现有 IT 系统的服务能力能否满足当前及将来的客户需求（选项 C）。现有的 IT 系统能力是否发挥了其最佳效能（选项 D）虽然是系统性能评价的一个方面，但它不是从动态角度考察组织业务与系统基础设施之间的关系时需要考虑的问题之一。

（67）**参考答案**：B

试题解析 能力管理的高级活动项目包括需求管理（选项 A）、绩效和能力的加权评价（选项 C）和应用选型（选项 D）。模拟测试（选项 B）不是能力管理高级活动项目的内容，它更多地与系统测试和验证相关。

（68）**参考答案**：D

试题解析 对信息系统进行评价的三个主要方面包括技术性能评价（选项 A）、管理效益评价（选项 B）和经济效益评价（选项 C）。人员效能评价（选项 D）虽然是信息系统评价的一个方面，但它不是从技术、管理和经济这三个主要方面进行评价的内容。

（69）**参考答案**：D

试题解析 数据预处理是数据分析和机器学习项目中至关重要的一步，它包括数据清洗、转换、离散化和规范化等步骤（选项 A），目的是提高数据质量，适合分析和建模（选项 B），并且可以处理缺失值、异常值和重复数据（选项 C）。然而，数据预处理也需要考虑数据隐私和安全性，因为预处理过程中可能会涉及敏感数据的处理。

（70）**参考答案**：A

试题解析 在 IT 系统运营过程中，经过故障查明和记录后，接下来就是故障的初步支持。这里强调初步的目的主要是为了尽可能快地恢复用户的正常工作，尽量避免或减少故障对系统服务的影响（选项 A）。这是故障管理中的一个重要步骤，旨在最小化故障对业务的负面影响。

（71）**参考答案**：D

试题解析 在句子中，正确的词汇是 provides，意味着"提供"，表示业务智能系统为决策者提供他们需要的及时和准确的信息，以制订策略。其他选项中，furnishes（选项 A）通常指提供物品或服务，imparts（选项 B）意味着传授或给予知识，procures（选项 C）指获取或购买，这些选项的含义与句子中需要表达的"提供信息"不符。

（72）**参考答案**：C

试题解析 在句子中，正确的短语是 such as，意味着"例如"，用来列举业务智能系统最初设计的简单任务。其他选项中，as（选项 A）和 like（选项 B）也可以表示"例如"，但 such as 更常用于列举，including（选项 D）意味着"包括"，在这个语境中不适合，因为它不是用来引入例子的。

（73）**参考答案**：A

试题解析 在句子中，正确的词汇是 amalgamating，意味着"合并"，描述业务智能系统随着技术的进步，能合并以前不相连的数据库。其他选项中，accumulating（选项 B）意味着积累，Aggregating（选项 C）意味着聚合，alienating（选项 D）意味着疏远，这些选项的含义与句子中需要表达的"合并数据库"不符。

(74) **参考答案**：C

试题解析 在句子中，正确的词汇是 information，意味着"信息"，指业务智能系统整合和分析的数据。其他选项中，numbers（选项 A）指数字，words（选项 B）指单词，statistics（选项 D）指统计数据，这些选项都不如 information 全面地涵盖了业务智能系统处理的内容。

(75) **参考答案**：A

试题解析 在句子中，正确的词汇是 optimizing，意味着"优化"，表示业务智能系统的一个目标是优化业务运营。其他选项中，overseeing（选项 B）意味着监督，operating（选项 C）意味着操作，orchestrating（选项 D）意味着策划或协调，这些选项虽然也是业务智能系统的功能之一，但 optimizing 更准确地描述了系统提高效率和效果的目标。

信息系统管理工程师机考试卷 第 3 套
应用技术卷参考答案与试题解析

试题一

【问题 1】

参考答案 小王在数据中心升级过程中的问题有以下几方面。

需求管理问题：小王未能清晰传达具体的供电需求给刘工，导致沟通不畅和争执。

资源规划不足：原有的供电系统未能预见到设备增加带来的供电压力，说明在项目规划阶段对资源需求的评估不足。

风险管理缺失：未能识别和规划供电系统升级可能带来的风险，导致项目进度受阻。

沟通协调问题：在与 UPS 供电中心的沟通中出现了争执，说明项目沟通管理存在问题。

变更管理问题：在项目执行过程中，供电系统的变更未能得到及时和有效的处理。

项目协调问题：在大龙博士介入之前，小王未能有效协调各方资源，推动项目进展。

【问题 2】

参考答案 数据中心管理的对象包括以下几类。

物理基础设施：包括建筑、电力供应系统（UPS 和备用发电机）、冷却系统、安全系统等。

IT 硬件：服务器、存储设备、网络交换机和路由器等。

软件系统：操作系统、数据库管理系统、中间件、应用程序等。

数据管理：数据的存储、备份、恢复和归档。

网络连接：数据中心内部网络以及与外部世界的连接。

环境监控：监控数据中心的温度、湿度、空气流动等环境因素。

能源管理：监控和优化数据中心的能源消耗。

安全管理：包括物理安全和网络安全，如访问控制、监控摄像头、防火墙和入侵检测系统。

服务管理：确保数据中心提供的服务满足业务需求，包括服务水平协议（SLA）的管理和维护。

【问题 3】

参考答案 小王应该采取以下步骤来处理项目部提出的故障。

立即响应：确认故障情况，了解故障对项目和客户的具体影响。

故障诊断：组织技术团队进行故障诊断，确定故障原因。

应急措施：如果故障影响严重，应采取应急措施，如临时调配资源或切换到备用系统，以减少对项目的影响。

沟通协调：与项目部和客户保持沟通，通报故障处理进展，并提供预计的解决时间。

问题解决：根据诊断结果，制订并实施解决方案。

测试验证：解决故障后，进行全面测试以确保问题彻底解决。

恢复服务：确保所有受影响的服务恢复正常，并通知所有相关方。

后续跟进：分析故障原因，更新预防措施和应急计划，避免类似问题再次发生。

文档记录：记录故障处理的全过程，包括故障原因、处理措施和结果，以供未来参考和审计。

试题二

【问题1】

参考答案 企业可以采取以下管理手段和措施来避免"信息悖论"，提高投资效益：

战略对齐：确保IT投资与企业战略目标紧密对齐，以业务需求为导向进行IT规划和投资。

效益评估：在IT项目投资前进行成本效益分析，确保投资能够带来预期的回报。

项目管理：采用成熟的项目管理方法论（如PMBOK或敏捷方法）来管理IT项目，确保项目按时、按预算完成，并达到预期效果。

持续监控与评估：对IT投资进行持续监控和评估，及时调整策略以应对变化。

业务流程优化：通过IT系统优化业务流程，提高效率和效果。

员工培训与参与：对员工进行IT系统使用培训，提高员工的参与度和接受度，确保IT系统的有效使用。

数据驱动决策：利用数据分析和业务智能工具来支持决策，提高决策的质量和效率。

技术更新与维护：定期更新和维护IT系统，以保持技术的先进性和系统的稳定性。

风险管理：识别和管理与IT投资相关的风险，制订应对策略。

【问题2】

参考答案 IT部门进行组织及职责设计时应该注重以下原则：

业务导向：IT部门的组织和职责设计应以支持业务目标为核心。

灵活性：能够适应快速变化的业务需求和技术进步。

服务导向：将IT部门定位为服务提供者，强调服务质量和客户满意度。

透明度：确保IT服务的透明度，让业务部门和高层管理者清楚地了解IT部门的服务内容和效果。

责任明确：明确各个团队和个人的职责，确保责任到人。

协作与沟通：鼓励跨部门协作，加强沟通，以促进业务与IT的融合。

持续改进：建立持续改进的机制，不断优化IT服务和管理流程。

人才培养与激励：注重IT人才的培养和激励，以保持团队的活力和创新能力。

【问题3】

参考答案 成本中心与利润中心的管理差异分析如下：

成本中心：
目标：主要关注成本控制和效率提升，目标是最小化成本。
收入：不直接产生收入，其价值主要通过降低成本和提高服务质量间接体现。
决策：决策主要基于成本效益分析，重点在于如何以最低成本提供服务。
绩效评估：绩效评估侧重于成本节约和服务质量。
利润中心：
目标：关注收入和利润，目标是最大化利润。
收入：直接产生收入，通过提供服务或产品直接向客户收费。
决策：决策不仅考虑成本，还要考虑市场需求、定价策略和收入增长。
绩效评估：绩效评估侧重于收入、利润和市场份额。将IT部门定位为成本中心时，管理重点在于优化内部流程和降低成本；而定位为利润中心时，IT部门需要更加关注市场机会，通过提供增值服务来创造收入。

试题三

【问题1】

参考答案 人力资源管理方面存在的问题如下：

（1）在制订人力资源管理计划时，小刘作为项目经理必须亲自参与。

（2）指派质量工程师来负责制订人力资源管理计划并不合适，应该由对项目团队和项目本身都有深入了解的人员来初步制订计划，并邀请所有利益相关者参与计划的最终制订。

（3）组建项目团队时，不应该仅仅从各部门抽调近期未安排任务的员工，而应根据项目的具体需求来挑选合适的团队成员。

（4）在建设项目团队时，不能仅仅依赖加班和奖金作为激励手段，而应该采取多种措施，比如组织团队建设活动，以提高团队凝聚力和工作动力。

（5）在管理团队时，小刘未能及时与团队成员进行有效沟通，导致问题未能及时发现和解决。

（6）在处理团队冲突时，小刘采取了忽视的态度，这是不恰当的。应该积极采取措施解决问题，而不是置之不理。

（7）绩效考核标准过于单一，小刘应该采用多种标准来评估员工的表现，而不是简单地使用相同的考核指标。

（8）在人员配备计划方面存在疏忽，未能预见到员工离职的可能性，导致项目人力资源配置不足。

【问题2】

参考答案 在原先的沟通管理计划当中可能要调整沟通方式、沟通渠道的选择、干系人的沟通需求、沟通频率、信息传递过程中所需的技术或方法、信息接受的个人或组织。

【问题3】

参考答案 （1）√ （2）× （3）√

试题解析

（1）项目的人力资源是影响项目成功的关键因素之一。如果人力资源不足或人员能力不足，项目任务可能无法按时完成，或者完成的质量不达标，这都会增加项目的风险，降低项目成功的概率。在极端情况下，如果人力资源问题无法得到解决，项目可能会因为无法继续而被迫取消。此选项正确。

（2）项目管理计划是项目整体管理的核心，它包括了项目的范围、时间、成本、质量、人力资源、沟通、风险、采购等多个方面的知识领域。而人力资源管理计划只是项目管理计划中的一个组成部分。在编制项目管理计划时，需要综合考虑各个方面的知识领域，确保它们之间的协调性和一致性。因此，项目人力资源管理计划的编制通常是在项目管理计划编制的过程中或之后进行的，而不是之前。此选项错误。

（3）冲突是项目管理中常见的现象，解决冲突的方法有多种，包括问题解决（通过直接面对问题并找到双方都能接受的解决方案）、合作（双方共同努力找到双赢的解决方案）、强制（一方通过权力或地位迫使另一方接受其观点或方案）、妥协（双方各自放弃一些要求以达成一个双方都能接受的解决方案）、求同存异（双方同意在某些方面达成一致，而在其他方面保留各自的观点）、撤退（一方或双方放弃争议，不再继续冲突）。这些方法在项目管理中都是常用的解决冲突策略。此选项正确。

试题四

【问题1】

参考答案　数据组织的模式主要有以下几种：

基于分层的数据组织。这种模式主要在矢量数据模型、栅格数据模型以及关系数据模型的基础上使用分层的方法来组织数据。它通过图形分层的文件管理与属性数据的关系型数据库管理相分离的方法实现，空间数据和属性数据之间的连接由关键字 ID 来完成。

基于特征的数据组织。这种模式在面向对象数据模型的基础上使用面向对象的技术方法来组织数据，要求正确合适的地理分类体系，该体系在遵循一般分类学原则的同时，还必须考虑 GIS 技术（如面向对象技术）的需要。

对于本项目，考虑到需要对原有多部门系统数据进行对接和重新组织梳理，基于特征的数据组织模式可能更为适合。这种模式能够更好地处理和整合来自不同部门的数据，因为它基于特征分类，可以更有效地管理和利用数据，尤其是在需要跨部门协作和数据共享的情况下。

【问题2】

参考答案　（1）数据治理委员会的职责：

1）从战略角度统筹和规划，对数据资产和系统进行清理，确定数据治理的范围；明确数据源的出处、使用和管理的流程及职责。

2）明确数据治理的组织、功能、角色和职责。

3）负责各工作组成员的培训工作。

4）负责审查各工作小组的目标、原则，批准数据管理的相关制度、标准及流程。

5）负责确定数据治理的工具、技术和平台。

6）负责制订数据治理的评估指标、方法。

（2）数据管理办公室的职责：

1）协调和执行数据治理的日常事务，包括数据治理的宣传、培训和咨询。

2）收集和分析数据治理的问题和需求，提出改进建议。

3）负责数据的收集、清洗、整合和维护，确保数据的质量和安全。

4）提供数据分析和挖掘服务，支持业务决策。

【问题3】

参考答案　根据政务云网络安全合规性指引，政务云作为服务于各级政务部门的基础平台，其网络安全建设更是国家安全意志的体现。政务云的安全首先体现在依法合规方面，应建设一个守法的、经得起服务安全审查的、达到相应网络安全等级保护标准和满足政务行业安全属性的网络安全体系。因此，对于本项目，建议进行三级网络安全和数据安全等级测评，这是较为合适的等级，能够确保政务云平台的安全性和合规性，同时也能够满足政务数据的保护要求。

试题五

【问题1】

参考答案　SQL注入攻击是一种代码注入技术，攻击者通过在Web表单输入框中插入恶意SQL代码，欺骗数据库服务器执行非授权的SQL命令。这种攻击利用了应用程序代码中未对用户输入进行充分验证的漏洞，是Web安全中常见的攻击手段之一。

【问题2】

参考答案　蓝队利用入侵检测系统（IDS）监控网络流量，设置规则匹配已知攻击模式，当检测到匹配的流量时，系统会发出警报。IDS是网络安全防御中的重要工具，通过实时监控网络流量和分析数据包，帮助检测和响应潜在的安全威胁。

【问题3】

参考答案　蓝队首先隔离了受感染系统，以防止攻击扩散，然后进行了安全加固，包括打补丁、更新防火墙规则和加强用户权限管理。隔离受感染系统是防止攻击扩散的有效措施，安全加固则有助于提高系统的整体安全性，减少未来遭受类似攻击的风险。

信息系统管理工程师机考试卷 第4套
基础知识卷

- ___(1)___ 技术不属于人工智能领域。
  (1) A. 机器学习　　　　　　　　B. 自然语言处理
  　　C. 计算机视觉　　　　　　　D. 数据库管理系统
- 《"十四五"国家信息化规划》中提出建立高效利用的数据要素资源体系，聚焦数据管理、___(2)___、数据应用、授权许可、安全和隐私保护、风险管控等方面，探索多主体协同治理机制。
  (2) A. 数据脱敏　　　B. 数据收集　　　C. 共享开放　　　D. 信息监测
- ChatGPT 于 2022 年 11 月 30 日发布，它是人工智能驱动的___(3)___工具。
  (3) A. 自然语言处理　　　　　　B. 数据存储托管
  　　C. 网络隐私安全　　　　　　D. 数据采集算法
- 信息化能力建设包括___(4)___两个方面的内容。
  (4) A. 投入和产出　　　　　　　B. 硬件和软件
  　　C. 动态和静态　　　　　　　D. 劳动投入量
- 下列___(5)___不是信息技术发展的趋势。
  (5) A. 云计算　　　　　　　　　B. 大数据
  　　C. 人工智能　　　　　　　　D. 集中式计算
- 新一代信息技术中，___(6)___技术的发展对数据安全提出了更高的要求。
  (6) A. 物联网　　　　　　　　　B. 云计算
  　　C. 人工智能　　　　　　　　D. 所有选项
- 在信息系统架构设计中，模块化思想的主要目的是___(7)___。
  (7) A. 减少系统复杂性　　　　　B. 提高系统性能
  　　C. 降低系统成本　　　　　　D. 增加系统功能
- 在需求分析阶段，可利用 UML 中的___(8)___描述系统的外部角色和功能要求。
  (8) A. 用例图　　　B. 静态图　　　C. 交换图　　　D. 实现图
- 在信息系统架构设计中，安全性的主要目标是___(9)___。
  (9) A. 确保数据的完整性　　　　B. 提高系统的可用性
  　　C. 确保系统的易用性　　　　D. 确保系统的可维护性

- CMMI（能力成熟度模型集成）主要用于___(10)___。
    - (10) A. 软件过程改进　　　　　　　　B. 硬件过程改进
    　　　C. 组织结构优化　　　　　　　　D. 个人技能提升
- ITIL（信息技术基础设施库）主要用于___(11)___。
    - (11) A. 软件开发　　　　　　　　　　B. 硬件维护
    　　　C. IT 服务管理　　　　　　　　　D. 网络安全
- IT 服务的基本特征不包括___(12)___。
    - (12) A. 服务可用性　　　　　　　　　B. 服务可访问性
    　　　C. 服务可维护性　　　　　　　　D. 服务实体性
- IT 服务生命周期的___(13)___阶段不涉及服务的设计和开发。
    - (13) A. 服务战略　　B. 服务设计　　C. 服务过渡　　D. 服务运营
- 在 IT 服务质量管理中，___(14)___不是质量控制的关键活动。
    - (14) A. 质量规划　　B. 质量保证　　C. 质量评估　　D. 质量创新
- 在软件需求分析中，___(15)___是需求规格说明书应该包含的内容。
    - (15) A. 软件的详细设计　　　　　　　B. 软件的测试计划
    　　　C. 用户的具体需求　　　　　　　D. 软件的维护手册
- 在软件设计阶段，面向对象设计的核心概念是___(16)___。
    - (16) A. 模块化　　　B. 函数　　　　C. 类和对象　　D. 过程
- 在软件实现过程中，代码审查的主要目的是___(17)___。
    - (17) A. 确定软件的功能需求　　　　　B. 识别代码中的潜在错误
    　　　C. 设计软件的界面　　　　　　　D. 制订软件的部署计划
- 在 UML（统一建模语言）中，___(18)___是用来表示对象间交互的图。
    - (18) A. 类图　　　　B. 序列图　　　C. 状态图　　　D. 活动图
- 系统集成实施管理中，___(19)___不是其内容之一。
    - (19) A. 定义系统架构　　　　　　　　B. 管理项目风险
    　　　C. 客户需求调研　　　　　　　　D. 监督系统集成测试
- 在软件开发过程中，___(20)___是收集开发客户需求的有效方法。
    - (20) A. 市场调研　　　　　　　　　　B. 竞品分析
    　　　C. 焦点小组讨论　　　　　　　　D. 敏捷迭代会议
- 准备产品集成时，___(21)___是关键的技术活动。
    - (21) A. 制订项目计划　　　　　　　　B. 配置管理
    　　　C. 编写测试计划　　　　　　　　D. 接口适配和数据转换
- 数据流图（DFD）的作用是___(22)___。
    - (22) A. 描述数据对象之间的关系　　　B. 描述对数据的处理流程
    　　　C. 说明将要出现的逻辑判定　　　D. 指明系统对外部事件的反应

- 信息系统运维能力模型中，___(23)___是评估运维能力成熟度的标准。

  (23) A．ITIL B．ISO/IEC 20000

  　　 C．CMMI D．COBIT

- 在运维人员管理中，___(24)___是确保运维团队高效运作的关键因素。

  (24) A．定期的技术培训 B．严格的考勤制度

  　　 C．频繁的团队建设活动 D．详细的个人绩效评估

- 在信息系统运维过程中，___(25)___是日常监控的主要目的。

  (25) A．预防系统故障 B．优化系统性能

  　　 C．确保数据安全 D．提高系统可用性

- 信息系统运维资源管理中，___(26)___是最重要的物理资源。

  (26) A．服务器和网络设备 B．运维软件工具

  　　 C．办公家具和设施 D．电力和环境控制

- 信息系统运维技术中，___(27)___是用于故障诊断的技术。

  (27) A．配置管理数据库 B．服务台

  　　 C．事件管理 D．根本原因分析

- 在智能运维领域，___(28)___是利用机器学习技术的主要目的。

  (28) A．自动化常规任务 B．增强用户体验

  　　 C．提高运维人员工资 D．减少软件许可费用

- 信息系统运维中，___(29)___是衡量运维服务质量的关键指标。

  (29) A．客户满意度 B．运维成本

  　　 C．系统故障率 D．项目完成速度

- 云服务运营框架中，___(30)___是核心组成部分。

  (30) A．服务目录 B．服务等级协议

  　　 C．服务成本管理 D．服务质量管理

- 在云服务规划阶段，___(31)___是确定服务需求的关键活动。

  (31) A．市场调研 B．需求分析

  　　 C．成本预算 D．技术选型

- 云服务交付过程中，___(32)___是衡量服务成功的关键指标。

  (32) A．服务响应时间 B．服务可用性

  　　 C．服务透明度 D．服务定制化

- 云信息服务安全中，___(33)___是保护数据不被未授权访问的技术。

  (33) A．数据加密 B．数据备份 C．数据清洗 D．数据脱敏

- 在账号口令管理中，___(34)___是最佳实践。

  (34) A．定期更换口令 B．使用通用口令

  　　 C．口令明文存储 D．共享账号使用

- 漏洞管理中，___(35)___是识别潜在安全威胁的首要步骤。

    (35) A. 漏洞扫描 　　　　　　　　　　B. 漏洞修复

    　　　C. 漏洞报告 　　　　　　　　　　D. 漏洞利用

- 网络管理对象中，___(36)___是基本组成元素。

    (36) A. 路由器 　　　　　　　　　　　B. 交换机

    　　　C. 网络接口 　　　　　　　　　　D. 所有选项

- 无线网管理中，___(37)___是确保网络安全的重要措施。

    (37) A. 无线信号加密 　　　　　　　　B. 无线信号放大

    　　　C. 无线频段选择 　　　　　　　　D. 无线设备品牌选择

- 文件服务器管理中，___(38)___是维护数据完整性的关键活动。

    (38) A. 文件备份 　　　　　　　　　　B. 文件共享

    　　　C. 文件权限分配 　　　　　　　　D. 文件删除

- 数据中心机房管理中，___(39)___是确保机房环境稳定的关键因素。

    (39) A. 机房温度控制 　　　　　　　　B. 机房装饰设计

    　　　C. 机房网络布线 　　　　　　　　D. 机房门禁系统

- 虚拟资源管理中，___(40)___是提高资源利用率的有效方法。

    (40) A. 虚拟化技术 　　　　　　　　　B. 物理资源扩展

    　　　C. 资源手动分配 　　　　　　　　D. 资源静态分配

- 台式计算机终端运维中，___(41)___是确保系统安全的重要措施。

    (41) A. 定期系统更新 　　　　　　　　B. 系统性能优化

    　　　C. 硬件外观清洁 　　　　　　　　D. 硬件超频使用

- 存储设备运维中，___(42)___是延长设备使用寿命的关键因素。

    (42) A. 设备定期维护 　　　　　　　　B. 设备超负荷运行

    　　　C. 设备不定期检查 　　　　　　　D. 设备环境湿度控制

- 防病毒管理中，___(43)___是防止恶意软件入侵的第一道防线。

    (43) A. 病毒扫描 　　　　　　　　　　B. 病毒隔离

    　　　C. 病毒清除 　　　　　　　　　　D. 病毒预防

- DGI数据治理框架中，___(44)___是确保数据质量的关键活动。

    (44) A. 数据审计　　B. 数据清洗　　C. 数据整合　　D. 数据保护

- 数据仓库中，___(45)___是支持数据仓库运行的重要技术。

    (45) A. 数据挖掘 　　　　　　　　　　B. 数据备份

    　　　C. 数据可视化 　　　　　　　　　D. 数据仓库软件

- 数据安全中，___(46)___是保护数据不被泄露的重要措施。

    (46) A. 数据加密 　　　　　　　　　　B. 数据共享

    　　　C. 数据丢弃 　　　　　　　　　　D. 数据出售

- 信息安全管理体系中，___(47)___是体系建立的基础。
  - (47) A. 信息安全政策　　　　　　　　B. 信息安全技术
  　　　C. 信息安全培训　　　　　　　　D. 信息安全审计
- 安全策略管理中，___(48)___是确保策略有效性的关键步骤。
  - (48) A. 策略制订　　　　　　　　　　B. 策略执行
  　　　C. 策略测试　　　　　　　　　　D. 策略更新
- 应急响应管理中，___(49)___是响应计划的核心内容。
  - (49) A. 应急通讯计划　　　　　　　　B. 应急设备采购
  　　　C. 应急人员培训　　　　　　　　D. 应急风险评估
- 安全等级保护中，___(50)___是确定保护等级的依据。
  - (50) A. 资产价值　　　　　　　　　　B. 系统复杂度
  　　　C. 系统使用人数　　　　　　　　D. 系统知名度
- 信息系统中人力资源管理的核心是___(51)___。
  - (51) A. 员工绩效评估　　　　　　　　B. 员工技能培训
  　　　C. 员工招聘与解雇　　　　　　　D. 员工工作分配
- 信息系统中人力资源管理中，___(52)___是提升团队协作效率的有效手段。
  - (52) A. 团队建设活动　　　　　　　　B. 个人业绩竞争
  　　　C. 团队成员隔离　　　　　　　　D. 团队任务分配
- 知识管理中，___(53)___是实现知识共享的关键。
  - (53) A. 知识保密　　　　　　　　　　B. 知识共享文化
  　　　C. 知识个人化　　　　　　　　　D. 知识淘汰
- 知识库模型构建中，___(54)___是知识组织的主要方法。
  - (54) A. 知识分类　　B. 知识标签　　C. 知识索引　　D. 所有选项
- 信息系统治理中，IT治理体系不包括___(55)___。
  - (55) A. IT治理基础　　　　　　　　　B. IT治理体系
  　　　C. IT治理任务　　　　　　　　　D. 云服务管理
- 在信息技术服务管理中，IT服务生命周期不包括___(56)___阶段。
  - (56) A. 战略规划　　　　　　　　　　B. 设计实现
  　　　C. 运营提升　　　　　　　　　　D. 产品开发
- 软件开发过程中，需求分析阶段不涉___(57)___活动。
  - (57) A. 需求获取　　　　　　　　　　B. 需求分析
  　　　C. 软件编码　　　　　　　　　　D. 需求确认
- 系统集成实施管理中，实施交付不包括___(58)___。
  - (58) A. 准备产品集成　　　　　　　　B. 安装部署并交付
  　　　C. 需求分析与转化　　　　　　　D. 验证与确认

- 信息系统运维管理中，运维过程不包括___(59)___管理。
  - (59) A. 服务级别管理　　　　　　　　B. 事件管理
  　　　C. 问题管理　　　　　　　　　　D. 客户关系管理
- 云服务运营管理中，云服务规划不涉及___(60)___。
  - (60) A. 云架构管理　　　　　　　　　B. 云服务产品管理
  　　　C. 云服务容量管理　　　　　　　D. 云信息安全管理
- 项目管理中，___(61)___活动不是监控过程组。
  - (61) A. 控制项目质量　　　　　　　　B. 项目资源获取
  　　　C. 控制项目范围　　　　　　　　D. 控制项目成本
- 应用系统管理中，运行维护不包括___(62)___。
  - (62) A. 例行操作　　　　　　　　　　B. 响应支持
  　　　C. 系统设计　　　　　　　　　　D. 优化改善
- 网络系统管理中，网络安全不包括___(63)___措施。
  - (63) A. 防火墙管理　　　　　　　　　B. 入侵检测与防御
  　　　C. 网络攻防演练　　　　　　　　D. 客户服务管理
- 数据中心管理中，基础管理不包括___(64)___。
  - (64) A. 目标管理　　　　　　　　　　B. 服务管控
  　　　C. 机房基础设施管理　　　　　　D. 故障管理
- 桌面与外设管理中，安全不包括___(65)___。
  - (65) A. 补丁管理　　　　　　　　　　B. 权限控制
  　　　C. 上网审计　　　　　　　　　　D. 客户反馈管理
- 数据管理中，数据存储与容灾不包括___(66)___。
  - (66) A. 数据存储　　　　　　　　　　B. 数据备份
  　　　C. 数据迁移　　　　　　　　　　D. 数据容灾
- 信息安全管理中，安全风险管理不包括___(67)___活动。
  - (67) A. 风险评估　　　　　　　　　　B. 风险处置
  　　　C. 风险消除　　　　　　　　　　D. 监视与评审
- IT 管理标准化中，___(68)___是提高管理效率的关键。
  - (68) A. 管理流程标准化　　　　　　　B. 管理工具多样化
  　　　C. 管理结果个性化　　　　　　　D. 管理目标模糊化
- IT 管理标准化中，___(69)___是确保标准化实施的基础。
  - (69) A. 标准制定　　　　　　　　　　B. 标准执行
  　　　C. 标准监督　　　　　　　　　　D. 所有选项
- 根据《计算机软件保护条例》，___(70)___不属于软件著作权人享有的权利。
  - (70) A. 发表权　　　B. 署名权　　　C. 复制权　　　D. 分销权

- A computer system is an integrated collection of components that __(71)__ to manage and process data. The effectiveness of a computer system relies on the seamless interaction between its hardware and ___(72)___. To ensure that a system operates optimally, it is often necessary to __(73)__ the system through the process of systems analysis and design. This involves understanding the ___(74)___ of the system and making necessary adjustments to enhance its performance. As businesses evolve, their information systems must __(75)__ to accommodate new challenges and opportunities.

（71）A. coordinate　　B. separate　　C. compete　　D. integrate
（72）A. procedures　　B. users　　C. software　　D. communications
（73）A. analyze　　B. decompose　　C. replicate　　D. upgrade
（74）A. failures　　B. requirements　　C. surroundings　　D. alternatives
（75）A. remain　　B. dismantle　　C. adapt　　D. reduce

信息系统管理工程师机考试卷 第4套
应用技术卷

试题一（15分）

  阅读下列说明，回答【问题1】至【问题3】。
  【说明】 某政府部门为了提高工作效率，上线了一款全新的政务应用系统。该系统集成了多个功能模块，包括公文流转、会议管理、项目管理等。然而，在系统运行初期，出现了不少问题。部分功能模块存在漏洞，导致数据泄露的风险；同时，系统界面设计不够人性化，操作复杂，影响了用户的使用体验。此外，由于系统缺乏统一的运维标准，导致故障排查和修复效率低下。

  【问题1】（判断题，3分）
  （1）政务应用系统上线前，无须进行全面的安全评估，因为政府部门的数据安全级别相对较低。
                               （　　）
  （2）系统界面设计不够人性化是用户满意度低下的唯一原因。（　　）
  （3）缺乏统一的运维标准是导致故障排查和修复效率低下的唯一原因。（　　）

  【问题2】（6分）
  如何优化系统界面设计，提高用户的使用满意度？

  【问题3】（6分）
  针对政务应用系统缺乏统一的运维标准导致故障排查和修复效率低下的问题，以下哪些措施是有效的解决方案？（多选，选出三个最符合题意的选项）
  A. 制订详细的运维手册和操作指南，规范运维人员的操作流程。
  B. 建立故障报告和跟踪机制，及时记录和处理故障信息。
  C. 定期对系统进行备份和恢复测试，确保数据的安全性和完整性。
  D. 引入先进的运维管理工具和技术，提高运维效率和质量。
  E. 忽略小故障，只处理影响系统正常运行的大故障。
  F. 定期对运维人员进行培训和考核，提高他们的专业技能和素质。

试题二（15分）

  阅读下列说明，回答【问题1】至【问题3】。
  【说明】 某金融机构的信息系统运维团队正面临一系列严峻挑战。业务量的激增使得系统负载压力陡增，系统崩溃与故障事件屡见不鲜。加之系统架构错综复杂，运维团队在故障定位与修复上屡屡受阻。与此同时，技术的日新月异要求运维团队必须持续学习新技能，以确保能够应对系统的不断升级与维护需求。这一系列问题不仅干扰了业务的平稳运行，更给广大客户带来了诸多不便与损失。

现在，请你以运维专家的视角，针对以下三个核心议题，提出你的见解与策略。

【问题1】（5分）
面对系统负载压力与潜在故障，你认为应如何构建一个高效且敏感的系统监控体系？

【问题2】（5分）
你计划采取哪些措施来提升运维团队的整体技术水平？

【问题3】（5分）
为了有效降低系统崩溃与故障的风险，并平衡系统稳定性、业务连续性以及运维成本之间的关系，你认为应制订怎样的综合性运维策略？

试题三（15分）

阅读下列说明，回答【问题1】至【问题3】。

【说明】某大型企业为了提升业务协同效率，计划将多个业务系统进行集成。然而，在系统集成过程中，企业遇到了多重挑战。不同系统之间的数据格式和接口标准不统一，导致数据交换和共享困难；部分系统存在技术壁垒，难以实现无缝集成；同时，系统集成涉及多个部门和团队，沟通协调成本高，项目进度缓慢。

【问题1】（6分）
在面对不同系统之间数据格式和接口标准不统一的问题时，以下 ___(1)___ 、 ___(2)___ 帮助企业制定统一的数据格式和接口标准，实现数据交换和共享。

A．强制所有系统采用相同的数据库技术。
B．建立一个跨部门的数据治理委员会，负责数据标准和接口的定义。
C．忽略数据格式和接口标准的不统一，直接进行数据交换。
D．引入第三方数据转换工具，实现不同格式数据之间的转换。
E．为每个系统开发独立的接口适配器，以适应不同的数据格式和接口标准。
F．制定一套全面的数据字典和接口规范，明确数据格式和接口要求。

【问题2】（6分）
如何突破技术壁垒，实现不同系统之间的无缝集成？

【问题3】（判断题，3分）
（1）为了优化沟通协调机制，企业应将所有系统集成项目的管理权集中在一个部门手中，以避免跨部门沟通带来的混乱。（　　）
（2）在系统集成项目中，定期召开跨部门协调会议是优化沟通协调机制的有效手段。（　　）
（3）为了避免项目进度缓慢，企业应完全依赖技术手段来替代人工沟通协调。（　　）

试题四（15分）

阅读下列说明，回答【问题1】至【问题3】。

【说明】某科技公司计划开发一款全新的智能办公软件，以提高员工的工作效率和协同能力。为了确保项目的成功实施，公司成立了专门的项目团队，并制订了详细的项目计划。然而，在项目执行过程中，出现了不少问题。部分项目成员对任务分配不满，导致工作积极性下降；同时，由于需求变更频繁，项目进度严重滞后。此外，项目团队在风险管理方面存在不足，未能及时识别和应对潜在风险。这些问题不仅影响了项目的进度和质量，也给公司带来了不小的损失。

【问题1】（5分）
如何制订合理的任务分配方案，提高项目成员的工作积极性？

【问题2】（5分）
如何有效管理需求变更，确保项目进度不受影响？

【问题3】（5分）
如何建立有效的风险管理体系，识别和应对潜在风险？

试题五（15分）

阅读下列说明，回答【问题1】至【问题3】。

【说明】某大型金融企业正致力于构建一个高效、安全的数据管理体系，以支撑其业务发展和决策需求。目前，该企业的数据管理体系已初具规模，涵盖了数据采集、预处理、存储、分析及应用等多个环节。然而，随着业务的不断扩展，企业发现其数据管理体系在组织架构、数据预处理以及数据安全方面仍存在不足。

在组织层面，企业缺乏明确的数据管理组织架构和职责划分，导致数据管理效率低下。在数据预处理方面，由于数据源多样且格式不一，数据预处理流程烦琐且易出错。此外，数据安全风险也日益凸显，数据泄露和滥用事件时有发生。

【问题1】（5分）
请结合企业实际情况，提出数据管理组织架构的优化建议。

【问题2】（5分）
请分析当前数据预处理流程中存在的问题，并提出改进措施。

【问题3】（5分）
请分析当前数据安全防护的薄弱环节，如何加强数据安全防护。

信息系统管理工程师机考试卷 第4套
基础知识卷参考答案与试题解析

（1）**参考答案**：D

试题解析 数据库管理系统（选项D）是用于管理和存储数据的软件系统，它不属于人工智能领域。人工智能领域包括机器学习（选项A）、自然语言处理（选项B）和计算机视觉（选项C），这些技术都是模拟人类智能的技术。

（2）**参考答案**：C

试题解析 共享开放（选项C）是指数据资源的共享和开放使用，这是《"十四五"国家信息化规划》中提出的重要方面。数据脱敏（选项A）是数据保护的一种技术，数据收集（选项B）是数据管理的初步步骤，信息监测（选项D）是数据安全的一部分。

（3）**参考答案**：A

试题解析 ChatGPT是一个基于人工智能的自然语言处理（NLP）工具（选项A），专门用于理解和生成自然语言。数据存储托管（选项B）是关于数据存储的服务，网络隐私安全（选项C）关注网络安全，数据采集算法（选项D）是收集数据的算法。

（4）**参考答案**：B

试题解析 信息化能力建设主要关注的是构建和维护一个高效的信息技术环境，以支持组织的运营和发展。这主要包括以下两个方面的内容：硬件是信息化能力建设的物理基础，包括计算机设备、网络设备、存储设备等。软件是信息化能力建设的核心，包括操作系统、数据库、应用软件等。选项A的"投入和产出"虽然与信息化建设有关，但更侧重于经济活动的效益评估，而非信息化能力建设的具体内容。选项C的"动态和静态"以及选项D的"劳动投入量"与信息化能力建设的核心要素无直接关联。

（5）**参考答案**：D

试题解析 集中式计算（选项D）不是信息技术发展的趋势，因为现代信息技术正朝着分布式和云计算的方向发展。云计算（选项A）、大数据（选项B）和人工智能（选项C）是当前和未来信息技术的三大发展趋势。

（6）**参考答案**：D

试题解析 新一代信息技术中，物联网（选项A）、云计算（选项B）和人工智能（选项C）的发展都对数据安全提出了更高的要求，因此所有选项（选项D）都是正确的。

（7）**参考答案**：A

⚑试题解析　模块化思想的主要目的是减少系统复杂性（选项A），通过将系统分解为模块来简化设计和开发。提高系统性能（选项B）是次要目的，降低系统成本（选项C）和增加系统功能（选项D）是模块化可能带来的额外好处。

（8）参考答案：A

⚑试题解析　用例图（选项A）是UML中用于描述系统外部角色和功能要求的图。静态图（选项B）描述系统的静态结构，交换图（选项C）和实现图（选项D）不是UML中的标准图类型。

（9）参考答案：A

⚑试题解析　安全性的主要目标是确保数据的完整性（选项A），防止数据被非法篡改。提高系统的可用性（选项B）、确保系统的易用性（选项C）和确保系统的可维护性（选项D）也是安全目标的一部分，但不是最主要的。

（10）参考答案：A

⚑试题解析　CMMI（能力成熟度模型集成）主要用于软件过程改进（选项A），帮助组织提高软件开发过程的成熟度。硬件过程改进（选项B）不是CMMI的主要目标，组织结构优化（选项C）和个人技能提升（选项D）虽然重要，但不是CMMI的直接应用领域。

（11）参考答案：C

⚑试题解析　ITIL（信息技术基础设施库）主要用于IT服务管理（选项C），提供了一系列管理IT基础设施和服务的最佳实践。软件开发（选项A）和硬件维护（选项B）是IT服务管理的一部分，但不是ITIL的主要内容，网络安全（选项D）是IT服务管理的一个方面。

（12）参考答案：D

⚑试题解析　IT服务的基本特征包括服务可用性（选项A）、服务可访问性（选项B）和服务可维护性（选项C），这些都是评估IT服务质量的关键指标。服务实体性（选项D）不是IT服务的基本特征，它与服务的物理表现形式无关。

（13）参考答案：A

⚑试题解析　服务战略（选项A）阶段主要涉及服务的规划和方向，不涉及具体的设计和开发。服务设计（选项B）、服务过渡（选项C）和服务运营（选项D）阶段都涉及服务的设计和开发。

（14）参考答案：D

⚑试题解析　在IT服务质量管理中，质量规划（选项A）、质量保证（选项B）和质量评估（选项C）是质量控制的关键活动。质量创新（选项D）虽然是质量管理的一部分，但它更侧重于创新和改进，而不是直接的质量控制。

（15）参考答案：C

⚑试题解析　需求规格说明书应该包含用户的具体需求（选项C），这是软件开发的基础。软件的详细设计（选项A）、软件的测试计划（选项B）和软件的维护手册（选项D）是软件开发过程中的其他文档，不包含在需求规格说明书中。

（16）**参考答案**：C

试题解析　面向对象设计的核心概念是类和对象（选项C），这是构建面向对象系统的基本构建块。模块化（选项A）是软件设计的一个原则，函数（选项B）是程序的基本单位，过程（选项D）是一系列操作的集合，它们不是面向对象设计的核心。

（17）**参考答案**：B

试题解析　代码审查的主要目的是识别代码中的潜在错误（选项B），提高代码质量。确定软件的功能需求（选项A）是需求分析阶段的任务，设计软件的界面（选项C）是用户界面设计的任务，制订软件的部署计划（选项D）是部署阶段的任务。

（18）**参考答案**：B

试题解析　在 UML 中，序列图（选项B）是用来表示对象间交互的图，展示了对象之间消息传递的时间顺序。类图（选项A）描述了类的静态结构，状态图（选项C）描述了对象的状态变化，活动图（选项D）描述了业务流程或操作的步骤。

（19）**参考答案**：C

试题解析　系统集成实施管理中，定义系统架构（选项A）、管理项目风险（选项B）和监督系统集成测试（选项D）是其内容之一。客户需求调研（选项C）是系统集成实施前的重要步骤，但不是实施管理的直接内容。

（20）**参考答案**：C

试题解析　焦点小组讨论（选项 C）是收集开发客户需求的有效方法，因为它可以提供直接的用户反馈。市场调研（选项 A）、竞品分析（选项 B）和敏捷迭代会议（选项 D）也是收集需求的方法，但它们更多关注市场和产品分析。

（21）**参考答案**：D

试题解析　准备产品集成时，接口适配和数据转换（选项 D）是关键的技术活动，确保不同系统能够顺利集成。制订项目计划（选项 A）、配置管理（选项 B）和编写测试计划（选项 C）也是产品集成的重要活动，但接口适配和数据转换是技术实施的关键步骤。

（22）**参考答案**：B

试题解析　数据流图（DFD）的作用是描述对数据的处理流程（选项B），展示了数据在系统中的流动和处理。描述数据对象之间的关系（选项 A）、说明将要出现的逻辑判定（选项 C）和指明系统对外部事件的反应（选项 D）是数据流图的其他方面，但不是其主要作用。

（23）**参考答案**：B

试题解析　信息系统运维能力模型中，ISO/IEC 20000（选项 B）是评估运维能力成熟度的标准，它提供了 IT 服务管理的国际标准。ITIL（选项 A）是一套 IT 服务管理框架，CMMI（选项C）用于软件过程改进，COBIT（选项 D）是 IT 治理和管理的框架。

（24）**参考答案**：A

试题解析　定期的技术培训（选项 A）是确保运维团队高效运作的关键因素，因为它提升了团队的技能和知识。严格的考勤制度（选项 B）、频繁的团队建设活动（选项 C）和详细的个人绩效评估（选项 D）也是管理团队的方法，但它们不是直接提升技术能力的手段。

（25）**参考答案**：A

试题解析 日常监控的主要目的是预防系统故障（选项 A），确保系统的稳定性和可靠性。优化系统性能（选项 B）、确保数据安全（选项 C）和提高系统可用性（选项 D）也是监控的重要方面，但预防系统故障是最直接的目标。

（26）**参考答案**：A

试题解析 服务器和网络设备（选项 A）是信息系统运维中最重要的物理资源，它们构成了信息系统的硬件基础。运维软件工具（选项 B）、办公家具和设施（选项 C）和电力和环境控制（选项 D）也是重要的资源，但它们不是物理资源的核心。

（27）**参考答案**：D

试题解析 根本原因分析（选项 D）是用于故障诊断的技术，它帮助确定故障的根本原因。配置管理数据库（选项 A）、服务台（选项 B）和事件管理（选项 C）也是故障管理的工具，但它们不是直接用于诊断故障根本原因的技术。

（28）**参考答案**：A

试题解析 在智能运维领域，利用机器学习技术的主要目的是自动化常规任务（选项 A），以提高效率和减少人工错误。增强用户体验（选项 B）是间接效果，提高运维人员工资（选项 C）和减少软件许可费用（选项 D）不是机器学习技术的直接目的。

（29）**参考答案**：A

试题解析 衡量运维服务质量的关键指标是客户满意度（选项 A），它直接反映了服务质量和客户对服务的满意程度。运维成本（选项 B）、系统故障率（选项 C）和项目完成速度（选项 D）是其他重要的运维指标，但它们不如客户满意度直接反映服务质量。

（30）**参考答案**：B

试题解析 云服务运营框架中，服务等级协议（SLA）（选项 B）是核心组成部分，它定义了服务提供商和客户之间的服务标准和承诺。服务目录（选项 A）、服务成本管理（选项 C）和服务质量管理（选项 D）也是云服务运营的重要方面，但 SLA 是定义服务水平的关键文档。

（31）**参考答案**：B

试题解析 在云服务规划阶段，确定服务需求的关键活动是需求分析（选项 B），它帮助明确服务的目标和要求。市场调研（选项 A）、成本预算（选项 C）和技术选型（选项 D）也是规划阶段的活动，但需求分析是确定服务需求的直接方法。

（32）**参考答案**：B

试题解析 云服务交付过程中，衡量服务成功的关键指标是服务可用性（选项 B），它反映了服务的可靠性和稳定性。服务响应时间（选项 A）、服务透明度（选项 C）和服务定制化（选项 D）也是重要的服务指标，但服务可用性是最基本的成功指标。

（33）**参考答案**：A

试题解析 保护数据不被未授权访问的技术是数据加密（选项 A），它通过加密算法保护数据的机密性。数据备份（选项B）是数据恢复的手段，数据清洗（选项C）是数据预处理的一部分，数据脱敏（选项D）是保护敏感数据的技术，但它们不直接防止未授权访问。

（34）**参考答案：A**

试题解析 在账号口令管理中，最佳实践是定期更换口令（选项A），以减少口令被破解的风险。使用通用口令（选项B）、口令明文存储（选项C）和共享账号使用（选项D）都是不安全的做法，会增加安全风险。

（35）**参考答案：A**

试题解析 识别潜在安全威胁的首要步骤是漏洞扫描（选项A），它帮助发现系统中的安全漏洞。漏洞修复（选项B）、漏洞报告（选项C）和漏洞利用（选项D）是漏洞管理的其他步骤，但漏洞扫描是发现漏洞的第一步。

（36）**参考答案：D**

试题解析 网络管理对象中的基本组成元素包括路由器（选项A）、交换机（选项B）和网络接口（选项C）。因此，所有选项（选项D）都是网络管理的基本元素。

（37）**参考答案：A**

试题解析 确保网络安全的重要措施是无线信号加密（选项A），它防止未授权用户访问无线网络。无线信号放大（选项B）、无线频段选择（选项C）和无线设备品牌选择（选项D）也是无线网络管理的方面，但它们不直接提供安全保护。

（38）**参考答案：A**

试题解析 维护数据完整性的关键活动是文件备份（选项A），它保护数据免受丢失或损坏。文件共享（选项B）、文件权限分配（选项C）和文件删除（选项D）是文件管理的其他方面，但文件备份是确保数据完整性的直接方法。

（39）**参考答案：A**

试题解析 确保机房环境稳定的关键因素是机房温度控制（选项A），适当的温度和湿度对设备的正常运行至关重要。机房装饰设计（选项B）、机房网络布线（选项C）和机房门禁系统（选项D）也是机房管理的方面，但它们不直接影响环境稳定。

（40）**参考答案：A**

试题解析 提高资源利用率的有效方法是虚拟化技术（选项A），它允许更高效地使用物理资源。物理资源扩展（选项B）、资源手动分配（选项C）和资源静态分配（选项D）不是提高资源利用率的有效方法。

（41）**参考答案：A**

试题解析 确保系统安全的重要措施是定期系统更新（选项A），它有助于修复安全漏洞和提高系统稳定性。系统性能优化（选项B）、硬件外观清洁（选项C）和硬件超频使用（选项D）是其他维护活动，但它们不直接关注系统安全。

（42）**参考答案：A**

试题解析 延长设备使用寿命的关键因素是设备定期维护（选项A），它有助于预防故障和保持设备性能。设备超负荷运行（选项B）、设备不定期检查（选项C）和设备环境湿度控制（选项D）是其他设备管理的方面，但它们不如定期维护重要。

（43）**参考答案**：A

试题解析 防止恶意软件入侵的第一道防线是病毒扫描（选项A），它检测和清除病毒及其他恶意软件。病毒隔离（选项B）、病毒清除（选项C）和病毒预防（选项D）是其他防病毒措施，但病毒扫描是最初的防线。

（44）**参考答案**：B

试题解析 确保数据质量的关键活动是数据清洗（选项B），它涉及去除重复记录、纠正错误和不一致的数据。数据审计（选项A）、数据整合（选项C）和数据保护（选项D）也是数据治理的重要方面，但数据清洗直接关注数据质量。

（45）**参考答案**：D

试题解析 支持数据仓库运行的重要技术是数据仓库软件（选项D），它提供了存储、管理和分析大量数据的工具。数据挖掘（选项A）、数据备份（选项B）和数据可视化（选项C）是数据仓库的其他技术，但它们不是支持运行的核心软件。

（46）**参考答案**：A

试题解析 保护数据不被泄露的重要措施是数据加密（选项A），它通过加密算法保护数据的机密性。数据共享（选项B）、数据丢弃（选项C）和数据出售（选项D）不是保护数据的措施，实际上它们可能导致数据泄露。

（47）**参考答案**：A

试题解析 信息安全管理体系中，体系建立的基础是信息安全政策（选项A），它为组织的信息安全活动提供指导和框架。信息安全技术（选项B）、信息安全培训（选项C）和信息安全审计（选项D）是信息安全管理的其他组成部分，但政策是基础。

（48）**参考答案**：C

试题解析 确保策略有效性的关键步骤是策略测试（选项C），它验证策略的有效性和安全性。策略制订（选项A）、策略执行（选项B）和策略更新（选项D）是安全策略管理的其他步骤，但测试是确保策略有效性的关键环节。

（49）**参考答案**：A

试题解析 应急响应计划的核心内容是应急通讯计划（选项A），它确保在紧急情况下能够快速有效地沟通。应急设备采购（选项B）、应急人员培训（选项C）和应急风险评估（选项D）是应急响应的其他方面，但通讯计划是协调应急响应的关键。

（50）**参考答案**：A

试题解析 确定保护等级的依据是资产价值（选项A），它反映了资产对组织的重要性和需要保护的程度。系统复杂度（选项B）、系统使用人数（选项C）和系统知名度（选项D）也是考虑因素，但资产价值是主要依据。

(51) 参考答案：D

试题解析 信息系统中人力资源管理的核心是员工工作分配（选项D），它涉及将适当的任务分配给适当的人员。员工绩效评估（选项A）、员工技能培训（选项B）和员工招聘与解雇（选项C）是人力资源管理的其他方面，但工作分配是核心。

(52) 参考答案：D

试题解析 提升团队协作效率的有效手段是团队任务分配（选项D），它确保每个团队成员都清楚自己的责任和目标。团队建设活动（选项A）、个人业绩竞争（选项B）和团队成员隔离（选项C）是其他团队管理的方法，但它们不如任务分配直接提升协作效率。

(53) 参考答案：B

试题解析 实现知识共享的关键是知识共享文化（选项B），它鼓励组织成员分享知识和经验。知识保密（选项A）、知识个人化（选项C）和知识淘汰（选项D）是知识管理的其他方面，但它们不直接促进知识共享。

(54) 参考答案：D

试题解析 知识库模型构建中，知识组织的主要方法包括知识分类（选项A）、知识标签（选项B）和知识索引（选项C）。因此，所有选项（选项D）都是知识组织的主要方法。

(55) 参考答案：D

试题解析 IT治理体系通常包括IT治理基础（选项A）、IT治理体系（选项B）和IT治理任务（选项C），这些构成了IT治理的核心框架。云服务管理虽然是IT管理的一个重要方面，但它不是IT治理体系的标准组成部分。

(56) 参考答案：D

试题解析 IT服务生命周期通常包括战略规划（选项A）、设计实现（选项B）和运营提升（选项C）等阶段。产品开发虽然是信息技术服务中的一个重要环节，但它不被视为IT服务生命周期的标准阶段。

(57) 参考答案：C

试题解析 需求分析阶段主要包括需求获取（选项A）、需求分析（选项B）和需求确认（选项D），而软件编码是在需求分析之后的实现阶段进行的。

(58) 参考答案：C

试题解析 实施交付主要包括准备产品集成（选项A）、安装部署并交付（选项B）以及验证与确认（选项D）。需求分析与转化是在系统集成实施之前的阶段进行的。

(59) 参考答案：D

试题解析 信息系统运维管理中通常包括服务级别管理（选项A）、事件管理（选项B）和问题管理（选项C）。客户关系管理虽然是客户服务的一个重要方面，但它不是信息系统运维管理的直接组成部分。

(60) 参考答案：D

试题解析 云服务运营管理中，云服务规划主要涉及云架构管理（选项A）、云服务产品管理（选项B）和云服务容量管理（选项C）。云信息安全管理是云服务运营中的一个独立环节，而不是规划阶段的主要内容。

(61) **参考答案**：B

试题解析 监控过程组的活动包括控制项目质量（选项A）、控制项目范围（选项C）和控制项目成本（选项D）。项目资源获取是执行过程组的一部分，而不是监控过程组。

(62) **参考答案**：C

试题解析 应用系统管理中，运行维护包括例行操作（选项A）、响应支持（选项B）和优化改善（选项D）。系统设计是在系统运行维护之前的开发阶段进行的。

(63) **参考答案**：D

试题解析 网络系统管理中，网络安全包括防火墙管理（选项A）、入侵检测与防御（选项B）和网络攻防演练（选项C）。客户服务管理是客户关系的一部分，与网络安全的技术措施不同。

(64) **参考答案**：A

试题解析 数据中心的基础管理包括服务管控（选项B）、机房基础设施管理（选项C）和故障管理（选项D）。目标管理是更高层次的管理活动，不属于数据中心的基础管理范畴。

(65) **参考答案**：D

试题解析 安全措施包括补丁管理（选项A）、权限控制（选项B）和上网审计（选项C）。客户反馈管理是客户服务的一部分，与安全措施不直接相关。

(66) **参考答案**：C

试题解析 数据存储与容灾包括数据存储（选项A）、数据备份（选项B）和数据容灾（选项D）。数据迁移是数据移动的过程，不直接关联到数据的存储与容灾。

(67) **参考答案**：C

试题解析 安全风险管理包括风险评估（选项A）、风险处置（选项B）和监视与评审（选项D）。风险消除可能是一种理想状态，但风险管理更侧重于评估、处置和监控风险。

(68) **参考答案**：A

试题解析 提高管理效率的关键是管理流程标准化（选项A）。管理流程标准化有助于确保一致性和效率。管理工具多样化（选项B）、管理结果个性化（选项C）和管理目标模糊化（选项D）不是提高管理效率的关键因素。

(69) **参考答案**：D

试题解析 确保标准化实施的基础包括标准制定（选项A）、标准执行（选项B）和标准监督（选项C）。所有这些步骤都是确保标准化得以有效实施的关键环节，因此所有选项（选项D）都是基础。

(70) **参考答案**：D

试题解析 根据《计算机软件保护条例》第八条规定，软件著作权人享有的权利包括发表权、署名权、修改权、复制权、发行权、出租权、信息网络传播权、翻译权等，但不包括分销权。

（71）**参考答案**：D

试题解析　计算机系统是一个集成的组件集合，这些组件需要集成（integrate）以管理和处理数据。协调（coordinate）和分离（separate）是组件之间可能的关系，但不是它们如何共同工作以管理和处理数据的描述。竞争（compete）在这个上下文中不适用。

（72）**参考答案**：C

试题解析　计算机系统的有效性依赖于其硬件和软件之间的无缝交互。程序（procedures）和用户（users）是系统的使用方面，通信（communications）是系统的一部分，但软件（software）是与硬件交互以实现功能的核心技术。

（73）**参考答案**：A

试题解析　为确保系统最佳运行，通常需要通过系统分析和设计过程来分析（analyze）系统。分解（decompose）和复制（replicate）不是确保系统运行的直接方法，升级（upgrade）虽然是改进系统的一种方式，但分析是理解系统需求和性能的首要步骤。

（74）**参考答案**：B

试题解析　系统分析和设计涉及理解系统的需求（requirements）并进行必要的调整以增强其性能。失败（failures）不是分析的目的，环境（surroundings）和替代品（alternatives）也是考虑的因素，但需求是系统分析和设计过程中的关键焦点。

（75）**参考答案**：C

试题解析　随着企业的发展，信息系统必须适应（adapt）新的挑战和机遇。保持（remain）意味着没有变化，拆卸（dismantle）和减少（reduce）不适用于系统发展的需求。适应是信息系统面对变化时的必要能力。

信息系统管理工程师机考试卷　第4套
应用技术卷参考答案与试题解析

试题一

【问题1】

参考答案　（1）×　（2）×　（3）×

试题解析　（1）无论政府部门的数据安全级别如何，政务应用系统上线前都应进行全面的安全评估。这是确保系统安全、防范数据泄露等风险的重要步骤。

（2）虽然系统界面设计不够人性化会影响用户的使用体验，但用户满意度低下可能还与其他因素有关，如系统功能不完善、操作复杂、响应速度慢等。

（3）缺乏统一的运维标准确实是导致故障排查和修复效率低下的一个重要原因，但并非唯一原因。其他因素，如运维人员技术水平不高、故障报告和跟踪机制不完善等，也可能影响故障排查和修复的效率。

【问题2】

参考答案　优化系统界面设计可以从以下几个方面入手。

简化操作流程：减少不必要的步骤和点击次数，使用户能够快速完成所需操作。

提高界面美观度：采用符合用户审美习惯的界面设计和色彩搭配，增强用户的视觉体验。

增强交互性：提供明确的反馈和提示信息，使用户能够及时了解系统状态和操作结果。

个性化定制：根据用户需求提供个性化的界面设置和功能配置，提高用户的满意度和忠诚度。

【问题3】

参考答案　A、B、D

试题解析　选项C"定期对系统进行备份和恢复测试，确保数据的安全性和完整性"虽然也是运维管理的重要方面，但与故障排查和修复效率的直接关联度较低。

选项E"忽略小故障，只处理影响系统正常运行的大故障"则是一种错误的运维策略，容易导致故障积累和扩大化。

试题二

【问题1】

参考答案　构建一个高效且敏感的系统监控体系是确保系统稳定运行的关键。以下是我建议的构建策略：全面监控、实时监控、智能预警、自动化响应、可视化展示。

【问题2】

参考答案 提升运维团队的整体技术水平是确保系统高效运维的基础。提升措施：定期培训、技术分享、实战演练、引入新技术、建立知识库。

【问题3】

参考答案 综合性运维策略应综合考虑系统稳定性、业务连续性和运维成本之间的关系，通过建立全面的监控与预警机制、优化系统架构与资源配置、制订容灾备份与恢复计划、加强安全防护与风险管理以及持续学习与技能提升等措施，有效降低系统崩溃与故障的风险。

试题三

【问题1】

参考答案 B、F

试题解析 A．这种做法可能不切实际，因为不同业务系统可能基于不同的技术栈和架构，强制采用相同的数据库技术可能带来高昂的迁移和重构成本。

B．数据治理委员会可以跨部门协作，综合考虑各方需求，制定统一的数据标准和接口规范，是有效的解决策略。

C．这种做法会导致数据交换困难、数据质量下降甚至数据丢失，是不可取的。

D．虽然第三方数据转换工具可以作为辅助手段，但它并不能从根本上解决数据格式和接口标准不统一的问题，只能作为临时解决方案。

E．虽然这种方法可以实现一定程度的数据交换，但会导致系统复杂性和维护成本的增加，不是最优解。

F．这是解决数据格式和接口标准不统一问题的根本方法，通过明确的数据字典和接口规范，可以实现不同系统之间的无缝数据交换和共享。

【问题2】

参考答案 突破技术壁垒，实现不同系统之间的无缝集成，可采取的措施有：技术评估与选型；接口标准化；技术适配与封装；采用微服务架构；持续集成与持续部署；培训与知识分享。

【问题3】

参考答案 （1）× （2）√ （3）×

试题解析 （1）虽然集中管理可以在一定程度上简化沟通协调流程，但将所有系统集成项目的管理权集中在一个部门可能会导致决策过于集中，缺乏灵活性和创新性。更好的做法是建立跨部门协作机制，确保各方利益得到充分考虑。

（2）在系统集成项目中，定期召开跨部门协调会议有助于及时沟通项目进展、解决遇到的问题，并加强团队协作，是优化沟通协调机制的有效手段。

（3）虽然技术手段可以提高项目执行的效率和准确性，但完全依赖技术手段替代人工沟通协调是不可取的。人工沟通协调在项目管理中仍然起着至关重要的作用，特别是面对复杂问题和突发事件时，需要人工进行灵活应对和决策。

试题四

【问题1】

参考答案 制订合理的任务分配方案,提高项目成员的工作积极性,可以采取以下措施:评估成员能力与兴趣;明确任务目标与责任;建立激励机制;鼓励团队协作;定期反馈与调整。

【问题2】

参考答案 有效管理需求变更,确保项目进度不受影响,可以采取以下措施:建立需求变更流程;评估需求变更影响;优先级排序;与利益相关者沟通;灵活调整项目计划。

【问题3】

参考答案 建立有效的风险管理体系,识别和应对潜在风险,可以采取以下措施。

风险识别:通过头脑风暴、专家访谈、历史数据分析等方法,识别项目可能面临的潜在风险。

风险评估:对识别出的风险进行量化评估,确定其发生的可能性和影响程度,以便制订有效的应对措施。

风险应对计划:针对每个风险制订具体的应对计划,包括预防措施、应急措施和恢复措施等。

风险监控与报告:建立风险监控机制,定期跟踪和评估风险状态,及时报告风险变化情况,以便决策者做出调整。

持续改进:根据风险管理的实践经验和反馈,不断改进风险管理流程和方法,提高风险管理的效率和效果。

试题五

【问题1】

参考答案 设立数据管理委员会:该委员会应由企业高层领导挂帅,负责数据管理的战略规划、政策制定和跨部门协调。确保数据管理在战略层面得到足够的重视和支持。

明确数据管理职能部门:设立专门的数据管理部门,负责数据治理、数据管理流程优化、数据质量监控等日常工作。该部门应具备足够的技术实力和专业知识,以确保数据管理的专业性和有效性。

建立数据责任体系:明确各部门在数据管理中的职责和角色,将数据管理的责任落实到具体岗位和个人。通过责任体系的建立,提高数据管理的效率和执行力。

加强跨部门协作:建立跨部门的数据协作机制,促进各部门之间的数据共享和交流。通过定期召开数据管理会议、建立数据共享平台等方式,加强部门间的沟通和协作。

培养数据管理文化:将数据管理纳入企业文化范畴,通过培训、宣传等方式提高员工的数据意识和数据管理能力。营造重视数据、尊重数据的良好氛围。

【问题2】

参考答案 (1)数据源多样且格式不一。

改进措施:建立统一的数据接入标准,对数据源进行格式化和标准化处理。采用数据映射和数据转换技术,将不同格式的数据转换为统一格式,便于后续处理和分析。

（2）数据预处理流程烦琐且易出错。

改进措施：优化数据预处理流程，采用自动化和智能化的数据预处理工具和技术。通过自动化处理减少人工干预，提高处理效率和准确性。同时，建立数据预处理的质量监控体系，对处理结果进行定期检查和验证。

（3）缺乏数据预处理的标准和规范。

改进措施：制定数据预处理的标准和规范，明确数据清洗、数据转换、数据校验等环节的具体要求。通过标准和规范的建立，确保数据预处理的一致性和可靠性。

【问题3】

参考答案　（1）数据泄露风险。

加强措施：加强数据访问控制和权限管理，确保只有授权人员能够访问敏感数据。采用加密技术对敏感数据进行加密存储和传输，防止数据在传输和存储过程中被泄露。

（2）数据滥用风险。

加强措施：建立数据使用审批和审计机制，对数据的使用情况进行记录和监控。通过定期审计和检查，及时发现和纠正数据滥用行为。同时，加强员工的数据安全培训和教育，提高员工的数据安全意识和责任感。

（3）数据安全防护技术不足。

加强措施：引入先进的数据安全防护技术，如防火墙、入侵检测系统、数据脱敏等。通过技术手段提高数据安全防护的能力和水平。同时，建立数据安全应急响应机制，及时应对数据安全事件和漏洞。

信息系统管理工程师机考试卷 第5套
基础知识卷

- 在"十四五"规划中，关于信息技术发展的以下描述，___(1)___是不正确的。
  - (1) A. 加快推进新型基础设施建设，包括5G网络、物联网、工业互联网等
      B. 大力发展云计算、大数据、人工智能等新一代信息技术
      C. 限制信息技术在金融领域的应用，以防范金融风险
      D. 推动信息技术与制造业深度融合，提升制造业智能化水平
- 以下关于元宇宙（Metaverse）的描述，正确的是___(2)___。
  - (2) A. 元宇宙是一个完全虚拟的世界，与现实世界没有任何联系
      B. 元宇宙是由多个不同的虚拟世界组成的网络，用户可以在其中自由穿梭和交流
      C. 元宇宙只是一种游戏形式，类似于《第二人生》或《我的世界》
      D. 元宇宙的概念最早由科幻作家尼尔·斯蒂芬森在1992年的小说《雪崩》中提出
- 信息基础中，___(3)___是信息系统的核心。
  - (3) A. 数据　　　　　B. 信息　　　　　C. 知识　　　　　D. 智慧
- 现代化基础设施中，___(4)___不属于新型基础设施建设的范畴。
  - (4) A. 5G网络　　　　　　　　　　B. 交通设施
      C. 工业互联网　　　　　　　　D. 城市物联网
- 产业现代化中，___(5)___是衡量工业现代化水平的重要指标。
  - (5) A. 农业机械化率　　　　　　　B. 工业自动化水平
      C. 服务业占比　　　　　　　　D. 城镇化率
- 信息技术及其发展中，___(6)___是信息技术发展的核心。
  - (6) A. 计算机软硬件　　　　　　　B. 计算机网络
      C. 存储和数据库　　　　　　　D. 信息安全
- 新一代信息技术及应用中，___(7)___是物联网的基础。
  - (7) A. RFID技术　　　　　　　　　B. 云计算
      C. 大数据　　　　　　　　　　D. 人工智能
- 新一代信息技术及应用中，___(8)___是实现大数据价值的关键技术。
  - (8) A. 数据挖掘　　　　　　　　　B. 数据存储
      C. 数据备份　　　　　　　　　D. 数据加密

- 新一代信息技术及应用中，___(9)___是区块链技术的显著特点。
  - (9) A．去中心化 　　　　　　　　　B．数据不可篡改
  　　　C．高能耗 　　　　　　　　　　D．低安全性
- 架构基础中，___(10)___是信息系统架构的指导思想。
  - (10) A．模块化 　　B．可扩展性 　　C．可靠性 　　D．经济性
- 系统架构中，___(11)___是架构规划与设计的重要考虑因素。
  - (11) A．技术选型 　　　　　　　　　B．成本预算
  　　　C．用户需求 　　　　　　　　　D．市场趋势
- 应用架构中，___(12)___是应用架构设计的主要目标。
  - (12) A．提高系统性能 　　　　　　　B．降低开发成本
  　　　C．增强系统的可维护性 　　　　D．减少系统复杂性
- IT治理基础中，___(13)___是IT治理的核心内容。
  - (13) A．IT战略规划 　　　　　　　　B．IT项目管理
  　　　C．IT资源管理 　　　　　　　　D．IT风险管理
- IT治理体系中，___(14)___是构建IT治理体系的首要步骤。
  - (14) A．制定IT政策 　　　　　　　　B．确定IT治理框架
  　　　C．建立IT治理委员会 　　　　　D．实施IT审计
- IT治理任务中，___(15)___是IT治理的关键任务之一。
  - (15) A．IT预算编制 　　　　　　　　B．IT系统维护
  　　　C．IT人员培训 　　　　　　　　D．IT服务外包管理
- IT治理方法与标准中，___(16)___是IT治理的重要标准之一。
  - (16) A．ISO/IEC 27001 　　　　　　　B．CMMI
  　　　C．ITIL 　　　　　　　　　　　D．COBIT
- IT治理的EDM中，___(17)___是企业数据管理的核心目标。
  - (17) A．数据质量管理 　　　　　　　B．数据安全保护
  　　　C．数据资产价值最大化 　　　　D．数据隐私保护
- IT治理关键域中，___(18)___是顶层设计的重要考虑因素。
  - (18) A．技术选型 　　　　　　　　　B．组织架构
  　　　C．业务流程 　　　　　　　　　D．政策法规遵循
- IT治理关键域中，___(19)___是管理体系的关键组成部分。
  - (19) A．业务连续性管理 　　　　　　B．知识管理
  　　　C．信息安全管理 　　　　　　　D．客户关系管理
- IT治理关键域中，___(20)___是资源管理的重要方面。
  - (20) A．人力资源规划 　　　　　　　B．物理资源配置
  　　　C．信息技术资源优化 　　　　　D．财务资源分配

- 在IT服务基础特征中，___(21)___ 是IT服务的核心价值。
  - (21) A. 服务的可测量性　　　　　　　　B. 服务的可用性
  　　　 C. 服务的可靠性　　　　　　　　　D. 服务的互操作性
- 在IT服务生命周期中，___(22)___ 是确保服务持续改进的关键阶段。
  - (22) A. 设计实现　　　　　　　　　　　B. 运营提升
  　　　 C. 监督管理　　　　　　　　　　　D. 退役终止
- 在IT服务质量管理中，___(23)___ 是评价IT服务质量的重要模型。
  - (23) A. COBIT模型　　　　　　　　　　B. ITIL模型
  　　　 C. CMMI模型　　　　　　　　　　 D. ISO/IEC 20000模型
- 在IT服务质量管理中，___(24)___ 是常见的运维服务质量管理活动。
  - (24) A. 服务请求管理　　　　　　　　　B. 服务事件管理
  　　　 C. 服务问题管理　　　　　　　　　D. 服务变更管理
- IT服务业的特征中，___(25)___ 是IT服务业与传统服务业的主要区别。
  - (25) A. 服务的无形性　　　　　　　　　B. 服务的即时性
  　　　 C. 服务的可存储性　　　　　　　　D. 服务的可扩展性
- 在基本概念中，___(26)___ 是软件开发过程中最常见的过程模型之一。
  - (26) A. 瀑布模型　　B. 敏捷模型　　C. 螺旋模型　　D. V模型
- 在软件需求中，___(27)___ 是需求分析的重要步骤。
  - (27) A. 需求获取　　　　　　　　　　　B. 需求规格说明书编写
  　　　 C. 需求确认　　　　　　　　　　　D. 需求变更
- 在软件设计中，___(28)___ 是软件设计的常用工具。
  - (28) A. 流程图　　　　　　　　　　　　B. UML图
  　　　 C. 数据流图　　　　　　　　　　　D. 状态图
- 在软件实现中，___(29)___ 是软件测试的主要类型之一。
  - (29) A. 单元测试　　　　　　　　　　　B. 集成测试
  　　　 C. 系统测试　　　　　　　　　　　D. 验收测试
- 在需求分析与转化中，___(30)___ 是将用户需求转化为系统需求的过程。
  - (30) A. 开发客户需求　　　　　　　　　B. 开发技术需求
  　　　 C. 分析并确认需求　　　　　　　　D. 确认需求规格
- 设计开发中的关键步骤是 ___(31)___ 。
  - (31) A. 选择和开发备选解决方案　　　　B. 开发详细设计
  　　　 C. 实现设计　　　　　　　　　　　D. 设计复审
- 在实施交付中，___(32)___ 是确保产品顺利交付的重要活动。
  - (32) A. 准备产品集成　　　　　　　　　B. 安装部署并交付
  　　　 C. 持续交付　　　　　　　　　　　D. 持续部署

- 在运维能力管理中，___(33)___ 是 PDCA 循环的第一步。
  (33) A. 策划　　　　　B. 实施　　　　　C. 检查　　　　　D. 改进
- 在运维人员管理中，___(34)___ 涉及人员配置和组织结构。
  (34) A. 人员储备　　　　　　　　　B. 岗位结构
  　　　C. 人员培训　　　　　　　　　D. 人员绩效
- 在运维过程中，___(35)___ 是与服务请求和协议相关联的管理活动。
  (35) A. 服务级别管理　　　　　　　B. 服务报告管理
  　　　C. 事件管理　　　　　　　　　D. 问题管理
- 在运维资源中，___(36)___ 提供技术支持和解决方案的关键资源。
  (36) A. 运维工具　　　　　　　　　B. 服务台
  　　　C. 备件库　　　　　　　　　　D. 运维数据
- 在运维技术中，___(37)___ 涉及技术研究和开发的过程。
  (37) A. 技术研发管理　　　　　　　B. 运维技术研发
  　　　C. 运维技术应用　　　　　　　D. 技术维护
- 在智能运维中，___(38)___ 描述了智能运维的组成要素和能力范围。
  (38) A. 框架与特征　　　　　　　　B. 智能运维场景实现
  　　　C. 能力域和能力项　　　　　　D. 智能运维评估
- 在云服务规划中，___(39)___ 涉及云服务产品生命周期的管理活动。
  (39) A. 云架构管理　　　　　　　　B. 云服务产品管理
  　　　C. 云服务可用性管理　　　　　D. 业务连续性管理
- 在云服务交付中，___(40)___ 是与客户满意度相关的管理活动。
  (40) A. 服务目录管理　　　　　　　B. 服务水平管理
  　　　C. 服务报告管理　　　　　　　D. 满意度管理
- 在云资源操作中，___(41)___ 涉及资源供应和任务调度的管理活动。
  (41) A. 资源供应与任务管理　　　　B. 资源部署/回收
  　　　C. 动态管理　　　　　　　　　D. 计划操作
- 在启动过程组中，___(42)___ 涉及项目正式启动的活动。
  (42) A. 立项管理　　　　　　　　　B. 制定项目章程
  　　　C. 识别干系人　　　　　　　　D. 项目启动会议
- 在规划过程组中，___(43)___ 涉及项目成本估算的活动。
  (43) A. 制订项目管理计划　　　　　B. 估算项目成本
  　　　C. 识别项目风险　　　　　　　D. 规划质量管理
- 在执行过程组中，___(44)___ 涉及项目团队建设和管理的活动。
  (44) A. 项目资源获取　　　　　　　B. 项目团队管理
  　　　C. 项目风险应对　　　　　　　D. 管理项目知识

- 在运行维护中，___(45)___ 涉及日常操作和监控的活动。
    (45) A．例行操作　　　B．响应支持　　　C．优化改善　　　D．调研评估
- 在应用系统安全中，___(46)___ 涉及用户访问控制和认证的管理活动。
    (46) A．账号口令管理　　　　　　　B．漏洞管理
        C．数据安全管理　　　　　　　D．端口管理
- 在网络日常管理中，___(47)___ 涉及无线网络的配置和维护的活动。
    (47) A．局域网管理　　　　　　　　B．广域网管理
        C．无线网管理　　　　　　　　D．互联网管理
- 在网络资源管理中，___(48)___ 涉及网络带宽分配和优化的管理活动。
    (48) A．带宽资源管理　　　　　　　B．地址资源管理
        C．虚拟资源管理　　　　　　　D．物理资源管理
- 在网络安全中，___(49)___ 涉及网络攻击检测和防御的管理活动。
    (49) A．加解密与数字证书　　　　　B．防火墙管理
        C．入侵检测与防御　　　　　　D．网络攻防演练
- 在基础管理中，___(50)___ 涉及数据中心服务和故障响应的管理活动。
    (50) A．服务管控　　　　　　　　　B．故障管理
        C．安全管理　　　　　　　　　D．目标管理
- 在机房基础设施管理中，___(51)___ 涉及数据中心物理环境维护的活动。
    (51) A．例行操作　　　　　　　　　B．响应支持
        C．优化改善　　　　　　　　　D．调研评估
- 在物理资源管理中，___(52)___ 涉及数据中心服务器和存储设备维护的活动。
    (52) A．例行操作　　　　　　　　　B．响应支持
        C．优化改善　　　　　　　　　D．调研评估
- 在台式计算终端运维管理中，___(53)___ 是定期执行的基本活动。
    (53) A．例行操作　　　　　　　　　B．响应支持
        C．调研评估　　　　　　　　　D．优化改善
- 在移动计算终端运维管理中，___(54)___ 涉及对设备使用情况的分析和反馈。
    (54) A．例行操作　　　　　　　　　B．响应支持
        C．调研评估　　　　　　　　　D．优化改善
- 在输入输出设备运维管理中，___(55)___ 是提升设备性能和用户体验的活动。
    (55) A．例行操作　　　　　　　　　B．响应支持
        C．调研评估　　　　　　　　　D．优化改善
- 在存储设备运维管理中，___(56)___ 是关于设备运行状态的定期检查。
    (56) A．例行操作　　　　　　　　　B．响应支持
        C．调研评估　　　　　　　　　D．优化改善

- 在通信设备运维管理中，____(57)____是确保设备安全性的管理措施。
  - (57) A. 补丁管理　　　　　　　　　　B. 权限控制
  　　　C. 上网审计　　　　　　　　　　D. 防病毒管理
- 在数据管理基础中，____(58)____是评估组织数据管理能力成熟度的模型。
  - (58) A. CMMI　　　　　　　　　　　　B. DGI 数据治理框架
  　　　C. DAMA 数据管理模型　　　　　D. 数据管理能力成熟度评估模型
- 在数据战略与治理中，____(59)____定义了组织如何管理和使用数据。
  - (59) A. 数据战略　　B. 数据治理　　C. 数据管理　　D. 数据操作
- 在数据管理组织与职能中，____(60)____涉及组织架构的建立和岗位的设定。
  - (60) A. 组织模式　　　　　　　　　　B. 组织架构确立
  　　　C. 主要岗位设定　　　　　　　　D. 关键绩效定义
- 在数据采集与预处理中，____(61)____是数据预处理的关键步骤之一。
  - (61) A. 数据采集　　　　　　　　　　B. 数据预处理
  　　　C. 数据预处理方法　　　　　　　D. 数据清洗
- 在数据存储与容灾中，____(62)____是保护数据免受灾难丢失的措施。
  - (62) A. 数据存储　　B. 数据归档　　C. 数据备份　　D. 数据容灾
- 在数据标准与建模中，____(63)____是定义和维护数据一致性和准确性的过程。
  - (63) A. 元数据　　　B. 数据质量　　C. 数据模型　　D. 数据建模
- 在数据管理基础中，____(64)____是用于评估组织数据管理能力成熟度的模型。
  - (64) A. 数据管理能力成熟度评估模型　B. DGI 数据治理框架
  　　　C. DAMA 数据管理模型　　　　　D. 数据质量管理模型
- 在数据战略与治理中，____(65)____是组织数据管理的指导性文件。
  - (65) A. 数据战略　　B. 数据治理　　C. 数据政策　　D. 数据程序
- 在数据管理组织与职能中，____(66)____涉及数据管理的关键绩效指标的设定。
  - (66) A. 组织模式　　　　　　　　　　B. 组织架构确立
  　　　C. 主要岗位设定　　　　　　　　D. 关键绩效定义
- 在安全管理体系中，____(67)____是构成安全组织体系的核心。
  - (67) A. 管理体系概述　　　　　　　　B. 安全组织体系
  　　　C. 主要管理内容　　　　　　　　D. 安全文化建设
- 在安全风险管理中，____(68)____是识别潜在风险并对其进行评估的过程。
  - (68) A. 原则与主要活动　　　　　　　B. 语境建立
  　　　C. 风险评估　　　　　　　　　　D. 风险处置
- 在知识管理基础中，____(69)____描述了知识在组织内部从创造到应用的全过程。
  - (69) A. 知识管理的内涵与特征　　　　B. 知识价值链及流程
  　　　C. 知识管理的主要类型　　　　　D. 知识管理的目标与原则

- 在标准化知识中，___（70）___是制定标准的基本过程。

  （70）A．标准体系　　　B．标准的分类　　　C．标准制定　　　D．标准实施

- ___（71）___ is a key indicator for measuring the level of informationization in a country or region.

  （71）A．Information Infrastructure Construction

  　　　B．Information Technology Popularization Rate

  　　　C．Information Industry Value Added

  　　　D．Informationization Development Index

- ___（72）___ does not belong to the category of new generation information technologies.

  （72）A．Internet of Things　　　　　　B．Cloud Computing

  　　　C．Big Data　　　　　　　　　　D．Traditional Manufacturing

- ___（73）___ is a core component in the design of information system architecture.

  （73）A．Application Architecture　　　B．Data Architecture

  　　　C．Technology Architecture　　　D．Network Architecture

- ___（74）___ is one of the key activities in information system governance.

  （74）A．IT Strategic Planning　　　　B．IT Project Management

  　　　C．IT Risk Management　　　　　D．IT Financial Management

- ___（75）___ is a set of best practices used to guide the provision and maintenance of services in information technology service management.

  （75）A．ITIL　　　　B．CMMI　　　　C．COBIT　　　　D．PMBOK

信息系统管理工程师机考试卷　第5套
应用技术卷

试题一（15分）

　　阅读下列说明，回答【问题1】至【问题3】。

　　【说明】某教育机构为了提升在线教育服务的质量和效率，决定开发一套全新的在线学习平台。该平台旨在为学生提供丰富的课程资源、互动学习工具以及个性化的学习路径规划。项目团队由项目经理、教育专家、开发人员、UI/UX设计师和测试人员组成。项目需跨越多个阶段，包括需求分析、系统设计、开发实现、测试验证和上线部署等。

　　【问题1】（5分）

在项目启动阶段，如何确保所有利益相关者对项目的核心目标和期望有清晰的理解？

　　【问题2】（5分）

在设计和开发过程中，如何平衡功能需求与技术实现的挑战？

　　【问题3】（5分）

如何进行有效的项目验收，确保平台满足用户需求并具备可扩展性？

试题二（15分）

　　阅读下列说明，回答【问题1】至【问题3】。

　　【说明】某城市为了提升交通管理效率和居民出行体验，决定实施智慧交通系统集成项目。该项目将整合现有的交通监控、信号控制、公共交通管理等多个子系统，形成一个统一的交通管理平台。项目团队负责系统集成、数据整合、接口开发和运维支持等工作。

　　【问题1】（4分）

在系统集成过程中，如何确保不同子系统之间的数据交换和协同工作？

　　【问题2】（6分）

如何设计合理的接口协议，以确保不同厂商提供的设备和系统能够无缝对接？

　　【问题3】（5分）

如何管理项目进度，确保按时交付并满足设计要求？

试题三（15分）

　　阅读下列说明，回答【问题1】至【问题3】。

　　【说明】某金融机构近期面临多起网络安全事件，为了保障客户信息和资金的安全，决定实施网络安全加固项目。项目将涵盖防火墙策略优化、入侵检测系统部署、数据加密和访问控制等方面的工作。项目团队由网络安全专家、IT运维人员和开发人员组成。

【问题1】（4分）

在项目启动阶段，为了明确网络安全加固的目标和范围，应首先进行哪些关键步骤或活动？

【问题2】（5分）

如何制订并执行严格的安全策略，以提升整体网络安全水平？

【问题3】（6分）

如何持续监控网络安全状况，及时发现并应对新的安全威胁？

试题四（15分）

阅读下列说明，回答【问题1】至【问题3】。

【说明】某企业为了提升数据中心的运行效率和稳定性，决定实施数据中心优化升级项目。项目将涵盖硬件设备的升级、存储系统的优化、备份与恢复策略的制订以及运维管理的改进等方面。项目团队由数据中心管理员、IT运维人员和供应商代表组成。

【问题1】（5分）

在优化升级过程中，如何确保业务的连续性和数据的完整性？

【问题2】（5分）

如何选择合适的硬件设备和存储系统，以满足企业未来的业务需求？

【问题3】（5分）

如何建立高效的运维管理体系，确保数据中心的稳定运行？

试题五（15分）

阅读下列说明，回答【问题1】至【问题3】。

【说明】某电商平台为了提升用户在大促活动期间的购物体验，决定实施运维保障项目。项目将涵盖系统扩容、性能优化、故障排查和应急响应等方面的工作。项目团队由运维工程师、开发人员和测试人员组成。大促活动将吸引大量用户访问和交易，对平台的稳定性和性能提出极高要求。

【问题1】（4分）

在大促活动前，如何对系统进行有效扩容和性能优化？

【问题2】（5分）

如何建立快速响应的故障排查和应急机制？

【问题3】（6分）

如何对运维保障工作进行总结，以便为未来的大促活动提供经验和改进方向？

信息系统管理工程师机考试卷 第5套
基础知识卷参考答案与试题解析

（1）参考答案：C

试题解析 在"十四五"规划中，信息技术的发展是被鼓励和支持的，特别是在金融领域，信息技术的应用是推动金融创新和风险管理的重要手段。因此，选项 C 描述的限制信息技术在金融领域的应用是不正确的。

（2）参考答案：B

试题解析 元宇宙（Metaverse）指的是一个由多个虚拟世界组成的网络，用户可以在这些虚拟世界中进行互动和交流。选项 A 描述的完全虚拟的世界与现实世界没有任何联系是不准确的，选项 C 将其仅定义为游戏形式过于狭隘，而选项 D 虽然正确指出了元宇宙概念的起源，但不是对元宇宙的描述。

（3）参考答案：B

试题解析 信息系统的核心是信息，它涉及数据的收集、处理、存储和传递，以提供有用的信息支持决策。数据（选项 A）是信息的原始形式，知识（选项 C）和智慧（选项 D）是信息的更高级形式，但信息系统的核心是信息本身。

（4）参考答案：B

试题解析 新型基础设施建设通常包括 5G 网络（选项 A）、工业互联网（选项 C）和城市物联网（选项 D），这些都是信息技术相关的基础设施。交通设施（选项 B）虽然是基础设施的一部分，但不属于新型基础设施建设的范畴。

（5）参考答案：B

试题解析 衡量工业现代化水平的重要指标是工业自动化水平（选项 B），它反映了工业生产过程中技术的应用程度。农业机械化率（选项 A）、服务业占比（选项 C）和城镇化率（选项 D）是其他经济和社会指标，但不是专门衡量工业现代化水平的。

（6）参考答案：B

试题解析 信息技术发展的核心是计算机网络（选项 B），它提供了信息传输和共享的基础。计算机软硬件（选项 A）、存储和数据库（选项 C）以及信息安全（选项 D）都是信息技术的重要组成部分，但计算机网络是连接这些组件的中枢。

（7）参考答案：A

试题解析 物联网的基础是 RFID 技术（选项 A），它允许物品的识别和跟踪。云计算（选项 B)、大数据（选项 C）和人工智能（选项 D）是物联网应用中的技术，但 RFID 技术是物联网中用于物品识别的基础技术。

（8）**参考答案**：A

试题解析　实现大数据价值的关键技术是数据挖掘（选项 A），它涉及从大量数据中提取有用的信息和知识。数据存储（选项 B）、数据备份（选项 C）和数据加密（选项 D）是大数据管理中的其他技术，但数据挖掘是发现数据潜在价值的关键。

（9）**参考答案**：B

试题解析　区块链技术的显著特点是数据不可篡改（选项 B），这意味着一旦数据被记录在区块链上，就无法被更改或删除。去中心化（选项 A）是区块链的另一个重要特点，但数据不可篡改是区块链技术的核心特性之一。高能耗（选项 C）和低安全性（选项 D）不是区块链技术的特点。

（10）**参考答案**：A

试题解析　信息系统架构的指导思想是模块化（选项 A），它允许系统被分解为可管理和可替换的模块，以提高系统的灵活性和可维护性。可扩展性（选项 B）、可靠性（选项 C）和经济性（选项 D）也是架构设计中的重要因素，但模块化是架构设计的基本原则。

（11）**参考答案**：C

试题解析　架构规划与设计的重要考虑因素是用户需求（选项 C），因为架构设计必须满足用户的需求和期望。技术选型（选项 A）、成本预算（选项 B）和市场趋势（选项 D）也是架构设计时需要考虑的因素，但用户需求是核心。

（12）**参考答案**：C

试题解析　应用架构设计的主要目标是增强系统的可维护性（选项 C），这有助于降低长期维护成本并提高系统的稳定性。提高系统性能（选项 A）、降低开发成本（选项 B）和减少系统复杂性（选项 D）也是应用架构设计的目标，但可维护性是关键目标之一。

（13）**参考答案**：D

试题解析　IT 治理的核心内容是 IT 风险管理（选项 D），它涉及识别、评估和缓解 IT 相关的风险。IT 战略规划（选项 A）、IT 项目管理（选项 B）和 IT 资源管理（选项 C）也是 IT 治理的重要组成部分，但风险管理是核心。

（14）**参考答案**：B

试题解析　构建 IT 治理体系的首要步骤是确定 IT 治理框架（选项 B），它为 IT 治理提供了结构和指导。制定 IT 政策（选项 A）、建立 IT 治理委员会（选项 C）和实施 IT 审计（选项 D）是 IT 治理的其他关键步骤，但确定框架是首要步骤。

（15）**参考答案**：A

试题解析　IT 治理的关键任务之一是 IT 预算编制（选项 A），它涉及规划和分配 IT 资源。IT 系统维护（选项 B）、IT 人员培训（选项 C）和 IT 服务外包管理（选项 D）也是 IT 治理的任务，但预算编制是关键任务之一。

（16）**参考答案**：D

试题解析 IT 治理的重要标准之一是 COBIT（选项 D），它提供了一个框架，用于评估和改进 IT 治理和管理实践。ISO/IEC 27001（选项 A）是信息安全的标准，CMMI（选项 B）是软件能力成熟度模型，ITIL（选项 C）是 IT 服务管理的框架。

（17）**参考答案**：C

试题解析 企业数据管理的核心目标是数据资产价值最大化（选项 C），这意味着通过有效管理和利用数据来提高组织的价值。数据质量管理（选项 A）、数据安全保护（选项 B）和数据隐私保护（选项 D）也是数据管理的重要方面，但价值最大化是核心目标。

（18）**参考答案**：B

试题解析 顶层设计的重要考虑因素是组织架构（选项 B），它定义了组织的内部结构和治理机制。技术选型（选项 A）、业务流程（选项 C）和政策法规遵循（选项 D）也是顶层设计时需要考虑的因素，但组织架构是关键。

（19）**参考答案**：C

试题解析 管理体系的关键组成部分是信息安全管理（选项 C），它涉及保护信息资产免受威胁和漏洞的影响。业务连续性管理（选项 A）、知识管理（选项 B）和客户关系管理（选项 D）也是管理体系的重要组成部分，但信息安全管理是关键。

（20）**参考答案**：C

试题解析 资源管理的重要方面是信息技术资源优化（选项 C），它涉及提高 IT 资源的效率和效果。人力资源规划（选项 A）和物理资源配置（选项 B）是其他资源管理的方面，财务资源分配（选项 D）是财务管理的内容。

（21）**参考答案**：B

试题解析 IT 服务的核心价值是服务的可用性（选项 B），它指的是服务能够被用户使用的程度。服务的可测量性（选项 A）、服务的可靠性（选项 C）和服务的互操作性（选项 D）也是 IT 服务的重要特征，但可用性是核心价值之一。

（22）**参考答案**：B

试题解析 确保服务持续改进的关键阶段是运营提升（选项 B），这个阶段涉及服务的日常管理和持续改进。设计实现（选项 A）、监督管理（选项 C）和退役终止（选项 D）也是 IT 服务生命周期的阶段，但运营提升是关键的改进阶段。

（23）**参考答案**：D

试题解析 评价 IT 服务质量的重要模型是 ISO/IEC 20000 模型（选项 D），它提供了 IT 服务管理的国际标准。COBIT 模型（选项 A）、ITIL 模型（选项 B）和 CMMI 模型（选项 C）也是 IT 服务管理的框架，但 ISO/IEC 20000 模型是专门的服务质量评价模型。

（24）**参考答案**：B

试题解析 常见的运维服务质量管理活动是服务事件管理（选项 B），它涉及对 IT 服务事件的识别、分类和解决。服务请求管理（选项 A）、服务问题管理（选项 C）和服务变更管理（选项 D）也是运维服务质量管理的活动，但事件管理是常见的活动之一。

（25）**参考答案**：A

试题解析 IT 服务业与传统服务业的主要区别是服务的无形性（选项 A），这意味着 IT 服务不具有物理形态。服务的即时性（选项 B）、服务的可存储性（选项 C）和服务的可扩展性（选项 D）也是 IT 服务的特征，但无形性是主要区别。

（26）**参考答案**：A

试题解析 软件开发过程中最常见的过程模型之一是瀑布模型（选项 A），它是一种线性的软件开发方法。敏捷模型（选项 B）、螺旋模型（选项 C）和 V 模型（选项 D）也是软件开发的模型，但瀑布模型是最常见的模型之一。

（27）**参考答案**：C

试题解析 需求分析的重要步骤是需求确认（选项 C），它确保需求被正确理解和同意。需求获取（选项 A）和需求规格说明书编写（选项 B）是需求分析的其他步骤，而需求变更（选项 D）是需求管理的一部分，但不是正常的需求分析步骤。

（28）**参考答案**：B

试题解析 软件设计的常用工具是 UML 图（选项 B），它提供了一种标准的图形化语言来描述软件系统的结构和行为。流程图（选项 A）、数据流图（选项 C）和状态图（选项 D）也是软件设计中使用的图表，但 UML 图是最常用的工具之一。

（29）**参考答案**：A

试题解析 软件测试的主要类型之一是单元测试（选项 A），它关注于测试软件的最小可测试部分。集成测试（选项 B）、系统测试（选项 C）和验收测试（选项 D）是软件测试的其他类型，它们分别关注不同的测试层面。

（30）**参考答案**：C

试题解析 将用户需求转化为系统需求的过程是分析并确认需求（选项 C）。开发客户需求（选项 A）和开发技术需求（选项 B）是需求分析的早期步骤，而确认需求规格（选项 D）是需求分析的后续步骤。

（31）**参考答案**：C

试题解析 实现设计（选项 C）是将设计转化为实际的代码或产品。选择和开发备选解决方案（选项 A）和开发详细设计（选项 B）是设计阶段的早期步骤，而设计复审（选项 D）是设计完成后的质量保证步骤。

（32）**参考答案**：B

试题解析 确保产品顺利交付的重要活动是安装部署并交付（选项 B）。准备产品集成（选项 A）是交付前的步骤，持续交付（选项 C）和持续部署（选项 D）是软件开发和部署的现代实践，但它们不特指交付活动。

（33）**参考答案**：A

试题解析 PDCA 循环的第一步是策划（选项 A），它涉及制订计划和目标。实施（选项 B）、检查（选项C）和改进（选项D）是PDCA循环的其他步骤，它们分别关注执行、监控和优化。

(34) 参考答案：B

试题解析 涉及人员配置和组织结构的是岗位结构（选项B）。人员储备（选项A）、人员培训（选项C）和人员绩效（选项D）是人员管理的其他方面，但岗位结构直接关联到人员的配置和组织结构。

(35) 参考答案：A

试题解析 与服务请求和协议相关联的管理活动是服务级别管理（选项A）。服务报告管理（选项B）、事件管理（选项C）和问题管理（选项D）也是IT服务管理的活动，但它们不直接关联到服务请求和协议。

(36) 参考答案：B

试题解析 提供技术支持和解决方案的关键资源是服务台（选项B）。运维工具（选项A）、备件库（选项C）和运维数据（选项D）也是重要的资源，但服务台是直接面向用户提供支持的一线资源。

(37) 参考答案：B

试题解析 涉及技术研究和开发的过程是运维技术研发（选项B）。技术研发管理（选项A）和运维技术应用（选项C）是运维技术管理的其他方面，而技术维护（选项D）是技术运营的后续步骤。

(38) 参考答案：C

试题解析 描述智能运维的组成要素和能力范围的是能力域和能力项（选项C）。框架与特征（选项A）和智能运维场景实现（选项B）是智能运维的其他描述，而智能运维评估（选项D）是评估智能运维效果的过程。

(39) 参考答案：B

试题解析 涉及云服务产品生命周期的管理活动是云服务产品管理（选项B）。云架构管理（选项A）关注于云服务的技术架构，云服务可用性管理（选项C）关注于服务的可用性，业务连续性管理（选项D）是IT服务管理的一部分。

(40) 参考答案：D

试题解析 与客户满意度相关的管理活动是满意度管理（选项D）。服务目录管理（选项A）、服务水平管理（选项B）和服务报告管理（选项C）是云服务交付的其他管理活动，但它们不直接关注客户满意度。

(41) 参考答案：A

试题解析 涉及资源供应和任务调度的管理活动是资源供应与任务管理（选项A）。资源部署/回收（选项B）、动态管理（选项C）和计划操作（选项D）是资源管理的其他方面，但它们不直接涉及资源供应和任务调度。

(42) 参考答案：B

试题解析 涉及项目正式启动的活动是制定项目章程（选项B）。立项管理（选项A）、识

115

别干系人（选项C）和项目启动会议（选项D）是项目启动的其他步骤，但制定项目章程是正式启动项目的关键文件。

（43）**参考答案**：B

🖋**试题解析**　涉及项目成本估算的活动是估算项目成本（选项B）。制订项目管理计划（选项A）是规划过程组的早期步骤，识别项目风险（选项C）是风险管理的一部分，规划质量管理（选项D）是质量管理的一部分。

（44）**参考答案**：B

🖋**试题解析**　涉及项目团队建设和管理的活动是项目团队管理（选项B）。项目资源获取（选项A）是资源管理的一部分，项目风险应对（选项C）是风险管理的一部分，管理项目知识（选项D）是知识管理的一部分。

（45）**参考答案**：A

🖋**试题解析**　涉及日常操作和监控的活动是例行操作（选项A）。响应支持（选项B）、优化改善（选项C）和调研评估（选项D）是运行维护的其他方面，但例行操作是日常运维的基础。

（46）**参考答案**：A

🖋**试题解析**　涉及用户访问控制和认证的管理活动是账号口令管理（选项A）。漏洞管理（选项B）、数据安全管理（选项C）和端口管理（选项D）是应用系统安全的其他方面，但账号口令管理是用户认证的基础。

（47）**参考答案**：C

🖋**试题解析**　涉及无线网络的配置和维护的活动是无线网管理（选项C）。局域网管理（选项A）、广域网管理（选项B）和互联网管理（选项D）是网络管理的其他方面，但它们不专门涉及无线网络。

（48）**参考答案**：A

🖋**试题解析**　涉及网络带宽分配和优化的管理活动是带宽资源管理（选项A）。地址资源管理（选项B）关注于IP地址的管理，虚拟资源管理（选项C）和物理资源管理（选项D）是资源管理的其他方面，但它们不直接涉及带宽分配和优化。

（49）**参考答案**：C

🖋**试题解析**　涉及网络攻击检测和防御的管理活动是入侵检测与防御（选项C）。加解密与数字证书（选项A）是网络安全的技术支持，防火墙管理（选项B）是网络安全的另一个重要方面，网络攻防演练（选项D）是网络安全培训的一部分。

（50）**参考答案**：B

🖋**试题解析**　涉及数据中心服务和故障响应的管理活动是故障管理（选项B）。服务管控（选项A）、安全管理（选项C）和目标管理（选项D）是基础管理的其他方面，但故障管理是数据中心服务的关键。

（51）**参考答案**：A

🖋**试题解析**　涉及数据中心物理环境维护的活动是例行操作（选项A）。响应支持（选项B）、优化改善（选项 C）和调研评估（选项 D）是机房基础设施管理的其他方面，但例行操作是日常维护的基础。

（52）**参考答案**：A

试题解析 涉及数据中心服务器和存储设备维护的活动是例行操作（选项 A）。响应支持（选项 B）、优化改善（选项 C）和调研评估（选项 D）是物理资源管理的其他方面，但例行操作是设备维护的基础。

（53）**参考答案**：A

试题解析 台式计算终端运维管理中定期执行的基本活动是例行操作（选项 A）。响应支持（选项 B）、调研评估（选项 C）和优化改善（选项 D）是终端运维的其他方面，但例行操作是基础。

（54）**参考答案**：C

试题解析 涉及对设备使用情况的分析和反馈的活动是调研评估（选项 C）。例行操作（选项 A）、响应支持（选项 B）和优化改善（选项 D）是移动计算终端运维管理的其他方面，但调研评估有助于了解设备使用情况。

（55）**参考答案**：D

试题解析 提升设备性能和用户体验的活动是优化改善（选项 D）。例行操作（选项 A）、响应支持（选项 B）和调研评估（选项 C）是输入输出设备运维管理的其他方面，但优化改善直接关注性能和体验。

（56）**参考答案**：C

试题解析 关于设备运行状态的定期检查是调研评估（选项 C）。例行操作（选项 A）、响应支持（选项 B）和优化改善（选项 D）是存储设备运维管理的其他方面，但调研评估有助于监控和评估设备的状态，确保其正常运行。

（57）**参考答案**：A

试题解析 确保设备安全性的管理措施是补丁管理（选项 A），它涉及及时更新系统和应用软件的补丁，以修复安全漏洞。权限控制（选项 B）、上网审计（选项 C）和防病毒管理（选项 D）也是重要的安全措施，但补丁管理是针对已知漏洞的基本防护。

（58）**参考答案**：D

试题解析 评估组织数据管理能力成熟度的模型是数据管理能力成熟度评估模型（选项 D）。CMMI（选项 A）是软件能力成熟度模型，DGI 数据治理框架（选项 B）和 DAMA 数据管理模型（选项 C）是数据管理的框架和模型，但它们不专门用于评估数据管理的成熟度。

（59）**参考答案**：B

试题解析 定义了组织如何管理和使用数据的是数据治理（选项 B）。数据战略（选项 A）是指导数据管理的长远规划，数据管理（选项 C）是实施数据战略的过程，数据操作（选项 D）是数据管理的具体活动，而数据治理提供了管理和使用数据的框架和政策。

（60）**参考答案**：B

试题解析 涉及组织架构的建立和岗位的设定的是组织架构确立（选项 B）。组织模式（选项A）和主要岗位设定（选项C）是组织架构的相关方面，关键绩效定义（选项D）是绩效管理的内容，而组织架构确立直接关系到组织结构和岗位设置。

（61）**参考答案**：D

试题解析 数据预处理的关键步骤之一是数据清洗（选项D），它涉及去除重复记录、纠正错误和不一致的数据。数据采集（选项A）、数据预处理（选项B）和数据预处理方法（选项C）是数据预处理的其他方面，但数据清洗是预处理中的核心步骤。

（62）**参考答案**：D

试题解析 保护数据免受灾难丢失的措施是数据容灾（选项D），它包括备份和恢复计划，以确保在灾难发生时数据的完整性和可用性。数据存储（选项A）、数据归档（选项B）和数据备份（选项C）是数据保护的其他措施，但数据容灾是全面的灾难恢复计划。

（63）**参考答案**：B

试题解析 定义和维护数据一致性和准确性的过程是数据质量（选项B）。元数据（选项A）提供了数据的描述信息，数据模型（选项C）是数据结构的蓝图，数据建模（选项D）是创建数据模型的过程，而数据质量关注数据的准确性和一致性。

（64）**参考答案**：A

试题解析 用于评估组织数据管理能力成熟度的模型是数据管理能力成熟度评估模型（选项A）。DGI数据治理框架（选项B）、DAMA数据管理模型（选项C）和数据质量管理模型（选项D）是数据管理的其他框架和模型，但它们不专门用于评估数据管理的成熟度。

（65）**参考答案**：C

试题解析 组织数据管理的指导性文件是数据政策（选项C）。数据战略（选项A）是长远规划，数据治理（选项B）是管理和使用数据的框架，数据程序（选项D）是具体的操作步骤，而数据政策提供了数据管理的指导原则和规则。

（66）**参考答案**：D

试题解析 涉及数据管理的关键绩效指标的设定的是关键绩效定义（选项D）。组织模式（选项A）、组织架构确立（选项B）和主要岗位设定（选项C）是组织管理的内容，而关键绩效定义关注于衡量和评估数据管理的效果。

（67）**参考答案**：B

试题解析 构成安全组织体系的核心是安全组织体系（选项B）。管理体系概述（选项A）提供了安全管理的框架，主要管理内容（选项C）和安全文化建设（选项D）是安全管理体系的其他方面，但安全组织体系是核心组成部分。

（68）**参考答案**：C

试题解析 识别潜在风险并对其进行评估的过程是风险评估（选项C）。原则与主要活动（选项A）描述了风险管理的指导原则，语境建立（选项B）是风险管理的初步步骤，风险处置（选项D）是风险评估后的活动。

（69）**参考答案**：B

试题解析　描述了知识在组织内部从创造到应用的全过程的是知识价值链及流程（选项B）。知识管理的内涵与特征（选项A）、知识管理的主要类型（选项C）和知识管理的目标与原则（选项D）是知识管理的其他方面，但知识价值链及流程涵盖了知识的整个生命周期。

（70）**参考答案**：C

试题解析　制定标准的基本过程是标准制定（选项C）。标准体系（选项A）描述了标准的结构，标准的分类（选项B）是标准的不同类别，标准实施（选项D）是标准制定后的步骤，而标准制定是创建标准的过程。

（71）**参考答案**：D

试题解析　衡量一个国家或地区信息化水平的关键指标是信息化发展指数（选项D）。信息基础设施建设（选项A）、信息技术普及率（选项B）和信息产业增加值（选项C）是信息化的其他方面，但信息化发展指数综合反映了信息化的水平。

（72）**参考答案**：D

试题解析　不属于新一代信息技术类别的是传统制造业（选项D）。物联网（选项A）、云计算（选项B）和大数据（选项C）是新一代信息技术的代表，而传统制造业不是信息技术的范畴。

（73）**参考答案**：B

试题解析　信息系统架构设计中的核心组成部分是数据架构（选项B）。应用架构（选项A）、技术架构（选项C）和网络架构（选项D）也是信息系统架构的重要组成部分，但数据架构是数据管理和利用的基础。

（74）**参考答案**：A

试题解析　信息系统治理的关键活动之一是IT战略规划（选项A）。IT项目管理（选项B）、IT风险管理（选项C）和IT财务管理（选项D）也是信息系统治理的重要方面，但IT战略规划是指导IT发展的蓝图。

（75）**参考答案**：A

试题解析　用于指导信息技术服务提供和维护的一套最佳实践是ITIL（选项A）。CMMI（选项B）是能力成熟度模型，COBIT（选项C）是IT治理框架，PMBOK（选项D）是项目管理知识体系，而ITIL专注于IT服务管理。

信息系统管理工程师机考试卷 第5套
应用技术卷参考答案

试题一

【问题1】

参考答案 在项目启动阶段，可以通过召开项目启动会议，邀请所有利益相关者参与，明确项目的核心目标和期望，确保各方对项目有清晰的理解。同时，可以制定项目章程和范围说明书，详细阐述项目的目标、范围、关键里程碑等，作为项目后续工作的基础。

【问题2】

参考答案 在设计和开发过程中，可以通过需求分析和技术评估，明确功能需求与技术实现的平衡点。一方面，要确保平台的功能需求满足用户期望；另一方面，也要考虑技术实现的可行性和成本效益。可以采用敏捷开发方法，分阶段、迭代式地进行设计和开发，及时调整和优化方案。

【问题3】

参考答案 进行有效的项目验收，可以制订详细的验收标准和流程，包括功能测试、性能测试、用户体验测试等方面。同时，邀请用户代表和专家参与验收过程，确保平台满足用户需求并具备可扩展性。在验收过程中，要记录测试结果和反馈意见，及时整改和优化平台。

试题二

【问题1】

参考答案 在系统集成过程中，可以通过制定统一的数据交换标准和协议，确保不同子系统之间的数据交换和协同工作。同时，建立数据监控和日志系统，实时跟踪数据流动和状态变化，及时发现和处理数据异常。

【问题2】

参考答案 设计合理的接口协议，需要明确接口的功能、数据格式、通信协议等方面。可以与不同厂商进行沟通和协商，确保接口协议的一致性和兼容性。同时，进行接口测试和验证，确保不同设备和系统能够无缝对接。

【问题3】

参考答案 管理项目进度，可以制订详细的项目计划和进度表，明确各阶段的任务和时间节点。同时，建立有效的沟通和协作机制，及时跟踪和评估项目进度，发现问题及时调整和优化。可以采用项目管理软件或工具进行进度管理和监控。

试题三

【问题1】
参考答案 明确需求：与金融机构相关部门沟通，了解具体的网络安全加固需求。
评估风险：识别系统中存在的潜在威胁、漏洞和脆弱点，评估这些风险对金融机构的影响。
界定范围：基于需求分析和风险评估，明确项目的具体范围和目标，为后续工作提供指导。

【问题2】
参考答案 构建策略框架：根据风险评估结果和法律法规要求，制订一套全面的安全策略框架。
实施控制措施：按照策略框架，实施具体的安全控制措施，如防火墙策略优化、数据加密等。
加强培训：对项目团队成员进行安全培训，提高他们的安全意识和操作技能。
定期审查更新：定期对安全策略进行审查，确保其仍然符合当前的安全需求和环境变化。

【问题3】
参考答案 持续监控与应对：建立安全监控体系：部署安全监控工具，实时监测系统流量和异常行为，及时发现潜在威胁。
定期审计与扫描：定期对系统进行安全审计和漏洞扫描，确保系统的安全性和稳定性。
完善应急响应机制：制订详细的应急响应计划，并定期组织演练，提高应对突发事件的能力。
加强合作与信息共享：与网络安全行业组织和其他金融机构保持联系，共享安全信息和经验，共同应对新的安全威胁。

试题四

【问题1】
参考答案 在优化升级过程中，可以通过制订详细的业务连续性计划和数据备份方案，确保业务的连续性和数据的完整性。同时，进行充分的测试和验证，确保优化升级后的系统能够稳定运行并满足业务需求。

【问题2】
参考答案 选择合适的硬件设备和存储系统，需要根据企业的业务需求和发展规划进行评估和选择。可以考虑设备的性能、可靠性、可扩展性等方面，以及存储系统的容量、速度、安全性等方面。同时，与供应商进行沟通和协商，获取最佳的产品和服务。

【问题3】
参考答案 建立高效的运维管理体系，可以制订详细的运维流程和规范，明确运维人员的职责和任务。同时，建立运维监控和报警系统，实时监测系统的运行状态和性能指标。加强运维人员的培训和技术支持，提高运维效率和质量。

试题五

【问题1】

参考答案 在大促活动前，可以通过增加服务器和存储设备、优化系统架构和代码、提升数据库性能等方式对系统进行有效扩容和性能优化。同时，进行压力测试和模拟演练，确保系统能够承受大促活动期间的流量和压力。

【问题2】

参考答案 建立快速响应的故障排查和应急机制，可以制订详细的故障排查流程和应急预案。同时，建立故障监控和报警系统，及时发现和定位故障。加强运维人员的培训和技术支持，提高故障排查和应急响应的能力。

【问题3】

参考答案 对运维保障工作进行总结，可以收集和分析运维数据和日志，评估运维工作的效果和质量。同时，总结运维过程中的经验和教训，提出改进措施和建议。将总结结果反馈给相关部门和人员，为未来的大促活动提供经验和改进方向。

信息系统管理工程师 模考卷
基础知识卷

- 不属于控制器组成部分的是___(1)___。
  （1）A．状态条件寄存器　　　　　　B．指令译码器
  　　　C．中断机构　　　　　　　　　D．指令寄存器
- 计算机系统中提高并行性的措施不包括___(2)___。
  （2）A．时间重叠　　B．资源共享　　C．编译优化　　D．资源重复
- 关于复杂指令集计算机的叙述正确的是___(3)___。
  （3）A．以硬布线逻辑控制为主　　　　B．指令长度不固定，指令格式和寻址方式多
  　　　C．指令数量少，使用频率接近　　D．增加通用寄存器，适合采用流水线
- 关于存储器的描述错误的是___(4)___。
  （4）A．存储器的速度可用访问时间、存储周期、频宽来描述
  　　　B．CPU能够直接访问的存储器是内存储器
  　　　C．辅助存储器比主存储器的容量大、存储速度也更快
  　　　D．光盘存储器按读写类型来分类可分为只读型、一次写入型和可重写型三种
- 关于操作系统类型描述错误的是___(5)___。
  （5）A．批处理操作系统的特征是：用户脱机工作、成批处理作业、多道程序运行、作业周转时间长
  　　　B．分时操作系统的特性有：同时性、独立性、及时性、交互性
  　　　C．分时操作系统允许多个联机用户同时使用一台计算机系统进行计算
  　　　D．实时操作系统根据调度策略把计算作业按组合和次序执行，系统资源利用率高，作业吞吐量大
- 程序设计语言的数据成分按数据组织形式分类不包括___(6)___。
  （6）A．符号类型　　B．基本类型　　C．构造类型　　D．指针类型
- 关于程序设计语言的描述错误的是___(7)___。
  （7）A．程序设计语言分为低级语言和高级语言
  　　　B．低级语言包括机器语言和汇编语言
  　　　C．用低级语言编制的程序通用性强，兼容性好，利于移植
  　　　D．高级语言分为面向过程的语言和面向问题的语言

- 计算机系统的性能指标不包括___(8)___。
    (8) A．系统响应时间　　　　　　　B．MIPS
        C．作业吞吐量　　　　　　　　D．MTTF
- 设有初始为空的栈 K，现有入栈序列 a、b、c，经由一个标准的进栈和出栈操作序列后（设定每个元素进栈和出栈各 1 次），不能得到的序列为___(9)___。
    (9) A．abc　　　　B．acb　　　　C．cab　　　　D．cba
- 对于一棵非空二叉树，先访问根节点的每一棵子树，再访问根节点的方式称为___(10)___。
    (10) A．先序遍历　　　　　　　　B．后序遍历
         C．层次遍历　　　　　　　　D．中序遍历
- 媒体可分为表示媒体、表现媒体、感觉媒体和存储媒体，以下属于表现媒体的是___(11)___。
    (11) A．投影仪　　　B．硬盘　　　C．光纤　　　D．图像
- 以下属于音频格式文件的是___(12)___。
    (12) A．.WAV　　　B．.AVI　　　C．.BMP　　　D．.DVI
- 以下选项对于数字图像相关概念的描述正确的是___(13)___。
    (13) A．图像分辨率指的是在某一种显示方式下，计算机屏幕上最大的显示区域，用水平的和竖直的像素数来表示
         B．像素分辨率指的是一个像素宽与长的比例
         C．像素间的距离越大，分辨率越高
         D．屏幕分辨率指的是数字化图像的大小，用水平的和竖直的像素数来表示
- TFTP 和 SNMP 属于 OSI/RM 协议模型中的___(14)___。
    (14) A．管理层　　　　　　　　　B．应用层
         C．传输层　　　　　　　　　D．表示层
- 某通信系统中设备 A 和设备 B 之间可以正常通信，但在同一时刻数据流只能单方向流动，则该数据传送方式是___(15)___。
    (15) A．全单工　　　　　　　　　B．全双工
         C．半双工　　　　　　　　　D．单工
- 张工为某公司分配的网络地址块为 220.17.192.0/20，则___(16)___不属于该公司的子网地址。
    (16) A．220.17.213.0　　　　　　B．220.17.203.0
         C．220.17.205.0　　　　　　D．220.17.207.0
- 网络存储技术___(17)___采用文件请求的方式，有较低的成本，易于实现文件共享，但难以获得较好的性能。
    (17) A．SAN　　　B．DAS　　　C．NAS　　　D．IP-SAN
- URL 为 http://www.xyz.com.cn/index.htm，则其顶级域名是___(18)___。
    (18) A．http　　　B．cn　　　C．com.cn　　　D．xyz.com.cn

- 以下选项中对于数据库技术的三级模式和两级映像描述错误的是___(19)___。
  - (19) A. 数据库系统可以理解为是由物理级数据库、概念级数据库和用户级数据库三个层级的设计
  - B. 内模式即存储模式，是数据在数据库内部的表示方法，一个数据库只有一个内模式
  - C. 外模式即用户模式，介于模式和应用之间，一个数据库只有一个外模式
  - D. 模式-内模式映像定义了数据库全局逻辑结构域存储结构间的对应关系，模式-内模式映像是唯一的

- 对关系 R(A、B、C、D、E)和关系 S(C、D、E、F)进行 R⋈S 运算后的属性列为___(20)___个。
  - (20) A. 8　　　　B. 7　　　　C. 6　　　　D. 5

- 某快递公司的网点管理系统中存在关系模式：员工表 Stab（sno，sname，bname，age，pay），其属性依次为工号、姓名、网点名称、年龄和工资，网点表 Btab（bname，addno）的属性依次为网点名称和网点地址编码，若查询其他网点比 Xone 网点的所有员工年龄大的员工姓名和年龄，则对应的 SQL 语句是：

```
SELECT sname,age FROM Stab
WHERE age ___(21)___
（SELECT age FROM Stab WHERE bname='Xone'）
AND ___(22)___
```

  - (21) A. IN　　　　B. EXISTS　　　　C. >ALL　　　　D. <ANY
  - (22) A. bname>'Xone'　　　　B. bname<>'Xone'
  - C. bname<'Xone'　　　　D. bname='Xone'

- 信息系统的安全空间具有认证、权限、完整、加密和不可否认的五大要素，安全空间的 X、Y、Z 轴分别是___(23)___。
  - (23) A. 安全服务、OSI 网络参考模型、安全机制
  - B. OSI 网络参考模型、安全机制、安全服务
  - C. 安全机制、安全服务、OSI 网络参考模型
  - D. 安全机制、OSI 网络参考模型、安全服务

- 以下___(24)___属于面向决策计划的信息系统类型。
  - (24) A. 管理专家系统（MES）　　　　B. 知识工作支持系统（KWSS）
  - C. 计算机集成制造系统（CIMS）　　　　D. 数据采集与监测系统（DAMS）

- 信息系统的应用对组织结构的影响不包括___(25)___。
  - (25) A. 使组织结构更加灵活和有效　　　　B. 促使组织结构更趋向于金字塔形
  - C. 虚拟组织、虚拟办公室　　　　D. 增加企业流程重组的成功率

- 系统规格说明书是信息系统开发过程中___(26)___阶段的最后成果。
  - (26) A. 系统规划　　　　B. 系统设计
  - C. 系统分析　　　　D. 系统实施

- 某软件公司在开发某系统时，首先开发核心模块功能，经客户确认后再开发次核心模块，且每次提交的软件系统版本都可以独立运行，则该公司采用的信息系统开发方法是___(27)___。

    (27) A．增量型　　　　　B．瀑布型　　　　　C．原型法　　　　　D．V模型

- 以下关于螺旋模型的描述错误的是___(28)___。

    (28) A．适合大型软件系统开发

    　　B．适合需求明确的开发项目

    　　C．需要进行风险分析

    　　D．一般包括制订计划、风险分析、实施工程和用户评估四个步骤

- 信息系统从概念上来看其组成部分不包括___(29)___。

    (29) A．信息管理者　　　　　　　　B．信息源

    　　C．信息存储器　　　　　　　　D．信息用户

- 信息系统为管理决策服务，其层次机构不包括___(30)___。

    (30) A．物理层　　　　B．作业层　　　　C．战术层　　　　D．战略层

- 关于分布式信息系统结构的特点描述错误的是___(31)___。

    (31) A．可根据应用需要和存储方式来配置信息资源

    　　B．系统结构复杂，不利于扩展

    　　C．系统健壮性好，系统中某节点故障不会导致全系统瘫痪

    　　D．不利于安全保密措施的统一实施，系统管理协调难度增加

- 以下选项中属于系统实施阶段工作的是___(32)___。

    (32) A．系统调试与切换　　　　　　B．划分子系统

    　　C．建立系统运行管理制度　　　D．编制系统设计说明书

- 关于信息系统工程研究方法的描述错误的是___(33)___。

    (33) A．社会技术系统方法从总体和全面的角度把握信息系统工程

    　　B．行为方法侧重在研究信息系统规范的数学模型，并侧重于系统的基础理论和技术手段

    　　C．信息系统是一个社会技术系统，信息系统工程的研究不能仅限于工程技术方法

    　　D．系统的使用程度以及实施和创造性设计等行为问题，不能用技术方法中采用的规范的模型表达

- 以下___(34)___属于系统运行管理制度的内容。

    (34) A．系统设计说明书　　　　　　B．系统规格说明书

    　　C．系统运行的组织架构　　　　D．系统模块结构图

- 关于信息系统开发方法描述错误的是___(35)___。

    (35) A．面向对象开发方法是一种系统化、结构化、自顶向下的系统开发方法

    　　B．原型法有探索型、实验型和演化型三种运用方式

    　　C．结构化系统分析与设计方法建立面向用户的观点，严格区分工作阶段

    　　D．面向对象开发方法不能涉足系统分析以前的开发环节

- 不属于信息系统项目特征的是___(36)___。

    (36) A．客户的需求随开发进程不断明确和变化，会带来进度或费用等计划的调整

    B．信息系统项目是劳动密集、智力密集型项目，受人力资源影响大

    C．信息系统项目具有一定的资源约束性

    D．信息系统项目的目标明确，任务边界清晰

- 以下关于信息系统项目管理的描述错误的是___(37)___。

    (37) A．活动定义和活动排序属于项目时间管理领域

    B．项目管理需要集权领导并建立专门的组织

    C．项目三角形元素包括范围、成本、质量

    D．项目范围管理的目的是保证项目成功地完成所要求的全部工作，且只完成所要求的工作

- 以下关于信息系统分析的描述错误的是___(38)___。

    (38) A．开展用户需求分析是信息系统分析的首要工作

    B．调查现行系统并用工具对其进行详细描述是信息系统分析的最基本任务

    C．对现行系统开展调查工作应先从管理层开始，然后逐层向下

    D．信息系统分析最终要编写系统规格说明书，作为设计和编码的基础，以及测试和验收的依据

- 以下关于结构化分析方法和工具的描述正确的是___(39)___。

    (39) A．应先对信息系统进行详细设计，然后在此基础上建立系统的逻辑模型

    B．实体联系图由实体、联系和数据流组成

    C．绘制数据流图可反映各部分相互联系的判断与控制条件

    D．结构化分析的核心特征是分解和抽象

- 以下关于统一建模语言（UML）的描述错误的是___(40)___。

    (40) A．UML 是一种可视化的编程语言

    B．UML 建立的模型有三个要素：事物、关系和图

    C．UML 中有四种事物：结构事物、行为事物、分组事物、注释事物

    D．类是对一组具有相同属性、相同操作、相同关系和相同语义的对象的描述

- 以下关于统一建模语言（UML）的关系描述错误的是___(41)___。

    (41) A．UML 具有关联、泛化、实现和依赖四种关系

    B．依赖是一种结构关系，描述了一组链，链是对象之间的连接

    C．泛化是一种特殊/一般关系，特殊元素（子元素）对象可替代一般元素（父元素）对象

    D．实现是类元之间的语义关系，其中的一个类元指定了由另一个类元保证执行的契约

- 以下关于系统说明书的描述错误的是___(42)___。

    (42) A．是系统分析阶段的主要成果，以及是否进入设计阶段的决策依据

    B．应全面、系统、准确、翔实、清晰地表达系统开发的目标、任务和系统功能

C. 对系统说明书的审议应由研制人员和企业领导双方来完成
D. 系统说明书通常包括三部分内容：引言、项目概述、实施计划

- 衡量系统运行效率的指标不包括___(43)___。
  - (43) A. 响应时间　　　　　　　　　B. 平均故障间隔时间
  　　　C. 处理能力　　　　　　　　　D. 处理速度

- ___(44)___不属于信息系统详细设计阶段的工作。
  - (44) A. 模块化设计　　　　　　　　B. 数据库设计
  　　　C. 用户界面设计　　　　　　　D. 代码设计

- 系统模块结构设计遵循"高内聚低耦合"的原则，___(45)___的内聚层次相对较高。
  - (45) A. 逻辑内聚　　　　　　　　　B. 过程内聚
  　　　C. 顺序内聚　　　　　　　　　D. 通信内聚

- 以下___(46)___不属于信息系统功能模块结构的设计原则。
  - (46) A. 较小的数据冗余　　　　　　B. 较高的系统深度和宽度
  　　　C. 有层次的系统分解　　　　　D. 适中的模块大小

- 以下关于信息系统测试的基本原则描述正确的是___(47)___。
  - (47) A. 受测的程序在能完成既定功能的基础上，允许其完成额外的其他功能
  　　　B. 应由软件开发者来测试
  　　　C. 应在应用系统开发完成后组织测试
  　　　D. 测试用例应包含合理、有效的输入条件，以及不合理、失效的输入条件

- 正确的软件测试顺序是___(48)___。
  ①确认测试　②单元测试　③组装测试　④系统测试
  - (48) A. ①④②③　　　　　　　　　B. ②③④①
  　　　C. ②③①④　　　　　　　　　D. ②④③①

- 国家信息化体系包含六个要素：信息资源，信息网络，信息技术应用，信息技术和产业，信息化人才，信息化政策、法规与标准，其中___(49)___对其他要素的发展速度和质量有着决定性的影响，是信息化建设的关键。
  - (49) A. 信息技术和产业　　　　　　B. 信息化政策、法规与标准
  　　　C. 信息化人才　　　　　　　　D. 信息网络

- 企业IT管理层次分为战略层、战术层和运作层，___(50)___属于战术层的内容。
  - (50) A. IT投资管理、IT治理　　　　B. IT管理流程、组织设计
  　　　C. IT技术管理、服务支持　　　D. IT战略制订、IT管理制度

- IT财务管理流程中不包括___(51)___。
  - (51) A. IT成本核算　　　　　　　　B. IT投资预算
  　　　C. IT会计核算　　　　　　　　D. IT服务计费

- ____(52)____ 是IT服务项目成本核算的第一步。

  (52) A. 对IT投资项目进行事前规划和控制

  　　　B. 进行IT投资预算

  　　　C. 量化IT服务运作过程中所耗费的成本

  　　　D. 对成本要素进行定义

- 2.0版本的ITIL主体框架被扩充为6个主要的模块，其中不包括____(53)____。

  (53) A. 服务管理　　　　　　　　　B. ICT基础设施管理

  　　　C. IT服务管理实施规划　　　　D. IT财务管理

- 系统运行管理工具中性能和可用性工具的作用是____(54)____。

  (54) A. 监视系统危险情况，以便出现危险时迅速隔离

  　　　B. 实现对控制台消息做全时的监控和自动处理

  　　　C. 在资源没被耗尽以前发出预警，以便系统或管理员采取预防性措施，保证系统高效运行

  　　　D. 提供灵活的作业调度工具，在整个企业系统范围内对各种作业进行调度

- 在TCO总成本管理模型中____(55)____属于直接成本。

  (55) A. 财务和管理费用　　　　　　B. 终端用户操作相关的教育和培训费用

  　　　C. 本地文件维护成本　　　　　D. 解决停工问题的成本

- 用户安全管理审计的主要功能包括用户安全审计数据的收集、保护用户安全审计数据以及用户安全审计数据分析，其中用户安全审计数据的分析不包括____(56)____。

  (56) A. 检查　　　　　　　　　　　B. 存储的完整性

  　　　C. 异常探测　　　　　　　　　D. 违规分析

- 系统成本大致分为固定成本和运行成本，以下属于运行成本的是____(57)____。

  (57) A. 硬件购置及安装成本　　　　B. IT人员的培训成本

  　　　C. IT人员的变动工资　　　　　D. 外包服务成本

- 以下关于软件构件的描述错误的是____(58)____。

  (58) A. 构件是可以独立配置的单元

  　　　B. 构件应该是持续的，拥有个体特有的属性

  　　　C. 构件强调与环境和其他构件相分离

  　　　D. 构件需要提供清楚的接口规范

- 数据标准化包括业务建模阶段、数据规范化阶段和文档规范化阶段，以下关于数据标准化的相关描述错误的是____(59)____。

  (59) A. 数据规范化及其管理是数据标准化的基础和前提

  　　　B. 业务建模阶段注重对现实业务流程进行分析和研究

  　　　C. 业务建模阶段、数据规范化阶段和文档规范化阶段相互联系，缺一不可

  　　　D. 文档规范化是数据标准化成果的有效应用的关键

- 以下不属于故障特征的是___(60)___。

  (60) A. 紧迫性　　　　B. 影响度　　　　C. 优先级　　　　D. 复发率

- 下列有关主机的三类重启模式的描述错误的是___(61)___。

  (61) A. 在备份部件与现行部件不完全相同的系统中，更容易实现暖重启

  　　　B. 冷重启最易于实现，但需要最长的重启时间

  　　　C. 冷启动服务针对客户暂时的系统故障

  　　　D. 热重启的恢复时间快，但也最难实现

- 物理安全是信息安全的最基本保障，以下选项中___(62)___属于物理安全措施。

  (62) A. 及时安装操作系统和服务器软件的最新版本和修补程序

  　　　B. 定期对环境保护设备进行测试

  　　　C. 对重要文件进行备份

  　　　D. 根据工作人员的岗位职责和工作内容来授权其可进入的区域

- 以下关于技术安全措施的相关描述错误的是___(63)___。

  (63) A. 预防病毒和清除病毒能保证系统安全

  　　　B. 系统管理的过程是：软件升级、薄弱点扫描、策略检查、日志检查、定期监视

  　　　C. 技术安全包括运行管理、系统安全、数据安全三个方面

  　　　D. 配备入侵检测系统可增强系统安全

- 交易响应时间属于能力数据库的输入数据类型中的___(64)___。

  (64) A. 服务数据　　　　　　　　　　B. 业务数据
  　　　C. 技术数据　　　　　　　　　　D. 财务数据

- 性能评价指标中可维护性指标不包括___(65)___。

  (65) A. 诊断时间　　　　　　　　　　B. 平均修复时间 MMTR
  　　　C. 失效校正时间　　　　　　　　D. 平均故障间隔时间 MTBF

- 财务系统跨年结算出现大面积的故障，应该采用___(66)___级维护。

  (66) A. 一　　　　B. 二　　　　C. 三　　　　D. 四

- 以下关于系统转换方法描述错误的是___(67)___。

  (67) A. 逐步转换需要处理好新旧系统之间的接口

  　　　B. 直接转换最简单、最节省人员和设备费用

  　　　C. 并行转换的风险大，投入也大

  　　　D. 试点后直接转换的方式风险小，试点的部分可用来示范和培训其他工作人员

- 在信息系统周期的不同阶段，应用绩效评价的作用不同，在系统运行期关注的是___(68)___。

  (68) A. 服务的价值交付，以及应用的实际数据处理流程及系统的安全性

  　　　B. 对已有系统的变更与维护，确保系统生命周期的持续改进

  　　　C. 理解IT战略后，识别、开发或获取、实施IT解决方案，保持项目的方向

  　　　D. 如何满足业务目标的IT系统，规划战略目标，建立良好的组织架构和技术基础架构

- 以下___(69)___不属于信息系统经济效益评价的方法。

  (69) A．投入产出分析法　　　　　　B．技术经济评估法
  　　 C．成本效益分析法　　　　　　D．价值工程法

- 专业化的IT企业培训能帮用户全面提供控制和管理软件的能力，以下关于培训对象和内容的描述正确的是___(70)___。

  (70) A．对使用人员的培训内容着重于计算机管理系统的总体结构、参数设备、系统安装等
  　　 B．对系统维护员的培训内容可以按后台操作手册及正确数据输入的重要意义
  　　 C．对后台操作员的培训内容可以是计算机管理系统的业务流程、票据流转规范
  　　 D．对各部门管理人员的培训着重于计算机管理系统对管理的影响与意义

- The general software development process includes: ___(71)___、software design、coding and unit testing、integration and system testing、install、implementation and so on. The detailed design of the system includes a lot of work, such as: code design, ___(72)___, input/output design, user interface design, process design. Code design should follow the principle of ___(73)___, the goal is to increase efficiency and reduce mistakes, At the same time, code design needs to follow certain steps, the first step should be to determine the ___(74)___ and ___(75)___ of coding.

  (71) A．requirements analysis　　　　B．functional design
  　　 C．test case design　　　　　　D．acceptance confirmation
  (72) A．network structure　　　　　 B．database design
  　　 C．functional objectives　　　　D．development methods
  (73) A．complexity　　　　　　　　 B．simplicity
  　　 C．non-extensibility　　　　　　D．non-standard
  (74) A．object　　　B．standards　　　C．function　　　D．property
  (75) A．location　　B．type　　　　　C．scope　　　　D．testing

信息系统管理工程师 模考卷
应用技术卷

试题一（15分）

阅读下列说明，回答【问题1】至【问题3】。

【说明】某电脑器材公司为提升运营及销售管理效率，计划开发一个产品采购管理系统，请根据题目要求完成该公司采购系统的数据库相关设计。

该公司关于采购管理系统的设计提出了以下需求：

对于配件的信息，需要记录其编号、名称和单价，其中编号唯一标识配件信息中的每一个元组；对于电脑的信息，需要记录其型号、品牌和颜色，型号唯一标识电脑信息中的每一个元组；对于供应商的信息，需要记录其代号、电话和地址，其中代号唯一标识其信息中的每一个元组；配件可以从多方供应商采购，各供应商均可供应多种配件，各配件也可以被多款电脑组装使用，配件采购信息需记录采购日期和采购数量。

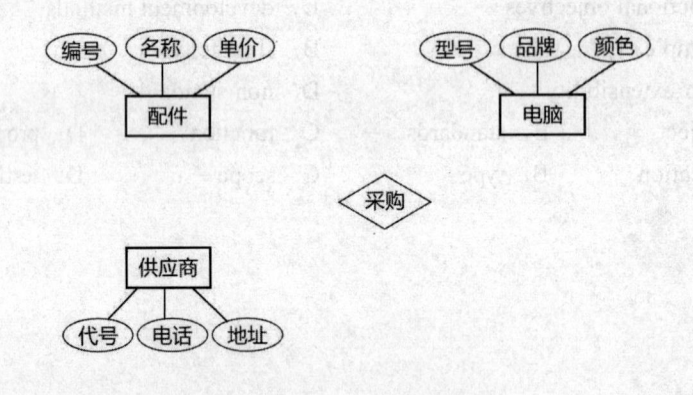

【问题1】（4分）

技术部小王整理出了以下有空缺的关系模式：配件（编号，名称，单价），供应商（代号，电话，地址），电脑（型号，品牌，颜色），采购（电脑型号，供应商代号，____(a)____，____(b)____，采购数量）。

请帮他补充其中（a）和（b）两处的空缺，并说明主键和外键完整性约束。

【问题2】（4分）

根据题目表述，在不增加新实体的情况下将实体联系图补充完整。

【问题3】(7分)

该公司现需增加新的需求，要在系统中记录各代理门店的销售情况，代理门店的信息包括门店编号、电话和地址，其中门店编号唯一标识门店信息的每一个元组。销售需记录销售数量和销售日期的信息。现需对实体联系图进行调整，在以上实体联系图上体现代理门店信息及电脑销售情况，并标明新增的实体、联系及属性。同时给出新增的关系模式，并说明其主键和外键完整性约束。

试题二（15分）

阅读下列说明，回答【问题1】至【问题3】。

【说明】信息化是充分利用信息技术，开发利用信息资源，促进信息交流和知识共享，提高经济增长质量，推动经济社会发展转型的历史进程。在国家统一规划和组织下，在农业、工业、科学技术、国防和社会生活各个方面深入开发和利用信息资源，发展信息产业，加速实现国家现代化进程。信息化建设将全面推动国民信息技能教育培训、电子商务、电子政务、网络媒体信息资源开发等领域的快速发展。

【问题1】(4分)

请按正确的对应关系完成连线。

G2E　　　　　　企业对企业

C2C　　　　　　政府对公务员

B2B　　　　　　线上到线下

O2O　　　　　　个人对个人

【问题2】(6分)

信息化的发展有力地促进了我国经济增长质量的提高和产业结构的优化，请说明国家信息化体系包含的要素。

【问题3】(5分)

简述企业组织的信息资源管理的主要内容。

试题三（15分）

阅读下列说明，回答【问题1】至【问题3】。

【说明】某高校为健全教育教学质量评估监测体系，加大教学督导力度，进一步提升教育教学质量，启用了校园录播系统和智慧巡课系统。巡课系统可实现课堂教学质量的督导管理、评教、评课、数据分析与统计。

为使系统得到规范的管理、系统维护和技术支持，校方设立了系统管理小组，管理小组的成员根据工作职责设定了不同的系统的操作权限，同时建立了完善的《系统使用规范及管理制度》，有专人定期对系统操作日志进行巡查。指定所有教师需通过系统的实名认证后方可登录使用，注册时需要设定指纹用作系统登录时的身份认证，系统根据各授课老师的排课计划适时对授课教室的终端、授课老师开放登录和激活权限，授课老师在正式上课前需到排课系统显示和指定的教室内终端上登录签到，终端系统仅对当前被排课系统授权使用的教师开放准入，同时系统会自动全程录播授课过程并存档。

【问题1】（5分）

请分析案例中使用了哪些安全管理相关的措施。

【问题2】（5分）

能力数据库是成功实施能力管理流程的基础，能力管理需要将管理流程中采集到的各类与系统运营有关的数据存入能力数据库中。请根据下表中给出的数据内容匹配填写对应数据类型的编号。

a. 业务数据、b. 服务数据、c. 技术数据、d. 资源应用数据

数据内容	所属类型
对作业进行批处理的时间	（1）
数据库的内存占用率、每秒查询数	（2）
系统服务的用户数量	（3）
CPU 的最大利用率为 80%	（4）
应用程序的作业请求数和响应时间	（5）

【问题3】（5分）

用户管理对系统和信息安全至关重要，请说明实施统一用户管理的好处。

试题四（15分）

阅读下列说明，回答【问题1】至【问题4】。

【说明】信息技术的发展以及企业对信息技术依赖程度的提高，使 IT 成为许多业务流程必不可少的组成部分，甚至是某些业务流程赖以运作的基础。目前我国企业的 IT 管理大部分还处于 IT 技术及运作管理层次，为提升企业 IT 管理工作的水平，需要对企业进行 IT 系统管理的规划、设计和建立，进而进行 IT 战略规划，真正实现 IT 与企业业务目标的融合，这对现代企业的 IT 部门的战略定位、组织架构规划、岗位职责设置、IT 财务管理等方面均提出了更高的要求。

【问题1】（4分）

IT 部门组织架构及职责应能充分支持 IT 战略规划，IT 组织结构的设计受诸多因素的影响和限制，请说明 IT 组织设计需要考虑和解决的问题。

【问题2】（3分）

请说明 IT 财务管理的流程。

【问题3】（5分）

请列出五种 IT 计费管理定价的方法。

【问题4】（3分）

简述 IT 部门作为相对独立的利润中心有哪些好处。

试题五（15分）

阅读下列说明，回答【问题1】至【问题3】。

【说明】张工负责某科技公司的订单管理系统的开发，当前正处于信息系统分析的阶段，张工具有丰富的软件系统开发经验，他深知本阶段工作对于整个系统开发的重要意义，刚接到组织工作安排的他便开始投入其中。

【问题1】（4分）

你认为张工进行信息系统分析时应该遵循什么样的步骤？

【问题2】（4分）

将以下各编号填入正确的空格处：

A．实体-联系图　　　　B．程序框图　　　C．数据字典　　　D．数据流图

_____（1）_____一般由4个基本符号组成，即外部实体、数据流、数据存储和处理逻辑。

_____（2）_____中有6类条目，即数据项、数据结构、数据流、数据存储、处理过程和外部实体。

_____（3）_____有实体、联系和属性三个基本成分。

_____（4）_____包括加工步骤、逻辑条件和控制流三种基本成分。

【问题3】（7分）

张工在完成信息系统分析工作后，组织技术开发小组提前召开了系统详细设计的工作规划说明会，反复提醒大家遵循代码设计的原则，请列举代码设计的原则有哪些。

信息系统管理工程师 模考卷
基础知识卷参考答案与试题解析

(1) **参考答案**：A

试题解析 控制器是指挥、协调计算机各大部件工作的指挥中心。控制器工作的实质就是解释、执行指令。控制器主要由下列部分组成：

1) 程序计数器（PC）。又称指令计数器或指令指针（IP），在某些类型的计算机中用来存放正在执行的指令地址，在大多数机器中则存放要执行的下一条指令的地址。

2) 指令寄存器（IR）。用以存放现行指令，以便在整个指令执行过程中，实现一条指令的全部功能控制。

3) 指令译码器。又称操作码译码器，它对指令寄存器中的操作码部分进行分析解释产生相应的控制信号提供给操作控制信号形成部件。

4) 脉冲源及启停控制线路。脉冲源产生一定频率的脉冲信号作为整个机器的时钟脉冲，是周期、节拍和工作脉冲的基准信号。启停线路则是在必要的时候保证可靠地开放或封锁时钟脉冲，控制时序信号的发生与停止，实现对机器的启动与停机。

5) 时序信号产生部件。以时钟脉冲为基础，产生不同指令相对应的周期、节拍、工作脉冲等时序信号，以实现机器指令执行过程的时序控制。

6) 操作控制信号形成部件。综合时序信号、指令译码信息、被控功能部件反馈的状态条件信号等，形成不同指令所需要的操作控制信号序列。

7) 中断机构。实现对异常情况和某些外来请求的处理。

8) 总线控制逻辑。实现对总线信息传输的控制。

状态条件寄存器专门用于存储由算术和逻辑指令执行后产生的各种条件码信息，属于运算器的组成部分，而不是控制器的组成部分。

(2) **参考答案**：C

试题解析 计算机系统中用于提高并行性的措施一般主要有三种：

1) 时间重叠。在并行性概念中引入时间因素，即多个处理过程在时间上相互错开，轮流重叠地使用同一套硬件设备的各个部分，以加快硬件周转时间而得速度。因此时间重叠可称为时间并行技术。

2) 资源重复。在并行性概念中引入空间因素，以数量取胜的原则，通过重复设置硬件资源，大幅度提高计算机系统的性能。随着硬件价格的降低，这种方式在单处理机中广泛使用，而多处理机本身就是实施"资源重复"原理的结果。因此资源重复可称为空间并行技术。

3）资源共享。这是一种软件方法，它使多个任务按一定时间顺序轮流使用同一套硬件设备。例如，多道程序、分时系统就是遵循"资源共享"原理而产生的。资源共享既降低了成本，又提高了计算机设备的利用率。

选项 C 编译优化是干扰项。

（3）**参考答案**：B

试题解析 CISC 是复杂指令计算机（Complex Instruction Set Computer），兼容性强，指令繁多、长度可变，由微程序实现。

RISC 是精简指令计算机（Reduced Instruction Set Computer），指令少，使用频率接近，主要依靠硬件实现（通用寄存器、硬布线逻辑控制）只设置使用频度高的一些简单指令，不同指令执行时间差别很小。

两种指令集计算机的特点具体如下：

类型	指令特点	寻址方式	实现方式	其他
CISC	数量多，使用频率差别大，可变长格式	支持多种	微程序控制技术	开发周期长
RISC	数量少，使用频率接近定长格式，大部分为单周期指令，操作寄存器，只有 Load/Store 操作内存	支持方式少	增加通用寄存器，硬布线逻辑控制为主，适合采用流水线	优化编译，支持高级语言

（4）**参考答案**：C

试题解析 辅助存储器又称外存储器。外存储器主要由磁表面存储器组成，外存储器的内容需要调入主存后才能被 CPU 访问。外存储器的特点是容量大，但存储速度却比主存要慢很多，所以选项 C 错误。

（5）**参考答案**：D

试题解析 关于批处理操作系统、分时操作系统、实时操作系统这三种不同类型的特点区分如下：

1）批处理操作系统。批处理操作系统根据一定的调度策略把要求计算的问题按一定的组合和次序执行，系统资源利用率高，作业吞吐量大。批处理系统的主要特征是：

①用户脱机工作。用户提交作业之后直至获得结果之前不再和计算机及作业交互。因而，作业控制语言对脱机工作的作业来说是必不可少的。这种工作方式对调试和修改程序是极不方便的。

②成批处理作业。操作员集中一批用户提交的作业，输入计算机成为后备作业。后备作业由批处理操作系统一批批地选择并调入主存执行。

③多道程序运行。按预先规定的调度算法，从后备作业中选取多个作业进入主存，并启动它们运行，实现了多道批处理。

④作业周转时间长。由于作业进入计算机成为后备作业后要等待选择，因而作业从进入计算机开始到完成并获得最后结果为止所经历的时间一般相当长，一般等待数小时至几天。

2）分时操作系统。

①同时性。若干个终端用户同时联机使用计算机，分时就是指多个用户分享使用同一台计算机。

②独立性。终端用户彼此独立，互不干扰，每个终端用户感觉上好像自己独占了这台计算机。

③及时性。终端用户的立即型请求（即不要求大量 CPU 时间处理的请求）能在足够快的时间之内得到响应。这一特性与计算机 CPU 的处理速度、分时系统中联机终端用户数和时间片的长短密切相关。

④交互性。人机交互，联机工作，用户直接控制其程序的运行，便于程序的调试和排错。

3）实时操作系统。实时操作系统是指当外界事件或数据产生时，能够接收并以足够快的速度予以处理，其处理的结果又能在规定的时间内控制监控的生产过程或对处理系统做出快速响应，并控制所有实行任务协调一致运行的操作系统。

选项 D 描述的是批处理操作系统的特征，故错误。

（6）**参考答案**：A

试题解析：程序设计语言的数据成分按照数据组织形式的不同可将数据分为基本类型、构造类型、指针类型和空类型四种。

1）基本类型分为整型、实型（又称浮点型）、字符型和枚举型四种。

2）构造类型分为数组类型、结构类型和共用类型三种。

3）指针类型，一个变量的地址称为该变量的指针，指针变量是指专门用于存储其他变量地址的变量。指针变量的值就是变量的地址。指针与指针变量的区别，就是变量值与变量的区别。

4）空类型，指空值或无意义的值。

符号类型是干扰项，故选 A。

（7）**参考答案**：C

试题解析　程序设计语言分为低级语言和高级语言两大类。低级语言包括机器语言和汇编语言，它们都是面向机器的语言，用这种语言编制的程序只适用于某种特定类型的计算机。高级语言又包括面向过程的语言和面向问题的语言。

机器语言具有灵活、直接执行和速度快等特点。

汇编语言的特点是用符号代替了机器指令代码，而且助记符与指令代码一一对应，基本保留了机器语言的灵活性。使用汇编语言能面向机器并较好地发挥机器的特性，得到质量较高的程序。汇编语言用来编制系统软件和过程控制软件，其目标程序占用内存空间少，运行速度快，有着高级语言不可替代的用途。

高级语言是面向用户的语言，每一种高级（程序设计）语言，都有自己人为规定的专用符号、英文单词、语法规则和语句结构（书写格式）。高级语言与自然语言（英语）更接近，而与硬件功能相分离（彻底脱离了具体的指令系统），便于广大用户掌握和使用。高级语言的通用性强，兼容性好，便于移植。

(8) **参考答案**：D

试题解析 计算机系统性能指标以系统响应时间和作业吞吐量为代表。响应时间（Elapsed Time）是指用户从输入信息到服务器完成任务给出响应的时间，即计算机系统完成某一任务（程序）所花费的时间，比如存储器访问、输入/输出等待、操作系统开销等。作业吞吐量是整个服务器在单位时间内完成的任务量。假定用户不间断地输入请求，则在系统资源充裕的情况下，单个用户的吞吐量与响应时间成反比，即响应时间越短，吞吐量越大。

计算机性能的其他常用指标还包括 MIPS（Million Instruction Per Second）和 MFLOPS（Million Floating-point Instruction Per Second）。

MIPS=指令数/(执行时间×1000000)

MFLOPS=浮点指令数/(执行时间×1000000)

D 选项 MTTF 是计算机系统的可靠性衡量的指标（即平均无故障时间，指计算机系统平均能够正常运行多长时间才发生一次故障。系统的可靠性越高，平均无故障时间越长。），故选择 D。

(9) **参考答案**：C

试题解析 栈的特点是先进后出，题干已告知"对于入栈序列 a、b、c"，说明 a、b、c 三个元素分别按照既定的先后次序完成入栈和出栈。结合这个特点，可以依次用各选项来倒推其出入栈的次序，然后验证是否符合"先进后出"，各选项对应的需遵循的进出栈的顺序依次为：

选项 A：a 进栈、出栈，b 进栈、出栈，c 进栈、出栈；

选项 B：a 进栈、出栈，b 进栈、c 进栈、c 出栈、b 出栈；

选项 C：b 进栈、a 进栈、c 进栈、c 出栈、a 出栈、b 出栈；

选项 D：a 进栈、b 进栈、c 进栈、c 出栈、b 出栈、a 出栈；

由此可见，C 选项需要 b 元素先进栈，这就违背了题干中"入栈序列 a、b、c"的要求，故 C 选项错误。

(10) **参考答案**：B

试题解析 树的遍历，指按某种规定的顺序访问树中的每一个节点一次，且每个节点仅被访问一次。根据根节点的访问位置不同，树的遍历可以分为前序遍历和后序遍历；又由于树具有层次性，遍历树中节点时可以按层次自上而下访问每个节点，因此树的遍历方式分为以下三种：

1）树的前序遍历。首先访问根节点，再依次按前序遍历的方式访问根节点的每一棵子树。

2）树的后序遍历。首先按后序遍历的方式访问根节点的每一棵子树，然后再访问根节点。

3）树的层次遍历。首先访问第一层上的根节点，然后从左到右依次访问第二层上的所有节点，再以同样的方式访问第三层上的所有节点，最后访问树中最低一层的所有节点。

(11) **参考答案**：A

试题解析 媒体分为五大类：

1）感觉媒体：指直接作用于人的感觉器官，使人产生直接感觉的媒体，如声音、图形、图像等。

2）表示媒体：指为了加工、处理和传输感觉而人为研究、构造出来的一种媒体，常见的有各种编码方式，如文本编码、图像编码和声音编码等。

3）显示媒体（表现媒体）：表现和获取信息的物理设备，如输入显示媒体有键盘、鼠标和麦克风等；输出显示媒体有显示器、投影仪、打印机和音箱等。

4）存储媒体：存储数据的物理设备，如磁盘、光盘和内存等。

5）传输媒体：传输数据的物理载体，如电缆、光缆和交换设备等。

（12）**参考答案**：A

试题解析 WAV 称为波形文件格式，属于多媒体音频类文件。

AVI 是将语音和影像同步组合在一起的动态图像文件格式。

BMP 是 PC 机上最常用的位图格式，有压缩和不压缩两种形式。

DVI 的英文全名为 Digital Visual Interface，中文称为"数字视频接口"，设计的目的是用来传输未经压缩的数字化视频。其视频图像的压缩算法的性能与 MPEG-1 相当，即图像质量可达到 VHS 的水平，压缩后的图像数据率约为 1.5Mb/s。

（13）**参考答案**：B

试题解析 像素，指的是组成屏幕图像的基本点，也就是显示画面的最小元素。像素间的距离越小，分辨率越高。

屏幕分辨率，指的是在某一种显示方式下，计算机屏幕上最大的显示区域，用水平的和竖直的像素数来表示。

图像分辨率，指的是数字化图像的大小，用水平的和竖直的像素数来表示。

像素分辨率，指的是一个像素宽与长的比例。

色彩数和图形灰度，色彩数和图形灰度用位（bit）表示，一般写成 2 的 n 次方，n 代表位数。当图像达到 24 位时，可表现 1677 万种颜色（即真彩）。

（14）**参考答案**：B

试题解析 OSI/RM 指开放系统互连参考模型，它从低到高分别是：物理层、数据链路层、网络层、传输层、会话层、表示层和应用层，具体见下表。

OSI 七层模型	TCP/IP 四层模型	功能	TCP/IP 协议簇
应用层	应用层	文件传输、电子邮件、文件服务、虚拟终端	TFTP、HTTP、SNMP、FTP、SMTP、DNS、Telnet
表示层		数据格式化、代码转换、数据加密	没有协议
会话层		解除或建立别的节点的联系	没有协议
传输层	传输层	提供端对端的接口	TCP、UDP
网络层	网络层	为数据包选择路由	IP、ICMP、RIP、OSPF
数据链路层	网络接口层	传输有地址的帧以及错误检测功能	帧中继、PPP、ARP
物理层		以二进制数据形式在物理媒体上传输数据	

TFTP（Trivial File Transfer Protocol，简单文件传输协议）是TCP/IP协议簇中的一个用来在客户机与服务器之间进行简单文件传输的协议，提供不复杂、开销不大的文件传输服务，端口号为69。

SNMP（Simple Network Management Protocol，简单网络管理协议），是专门设计用于在IP网络管理网络节点（服务器、工作站、路由器、交换机及Hubs等）的一种标准协议，它是一种应用层协议。

（15）**参考答案**：C

试题解析 数据通信中，数据在线路上的传送方式可以分为单工通信、半双工通信和全双工通信三种。

单工数据传输只支持数据在一个方向上传输。

半双工数据传输允许数据在两个方向上传输，但是在某一时刻，只允许数据在一个方向上传输，它实际上是一种切换方向的单工通信。

全双工数据通信允许数据同时在两个方向上传输，因此，全双工通信是两个单工通信方式的结合，它要求发送设备和接收设备都有独立的接收和发送能力。

（16）**参考答案**：A

试题解析 由题意可知该IP地址共有20位网络号，判断各选项中给出的地址是否属于该公司的子网地址，可以将各IP地址转换为二进制，然后比对它们前20位是否一致，若不一致则不是该公司同网段的子网地址。

题干中给出的地址与四个选项IP地址的前16位均相同，故只需要将四个选项IP中的第17~24位的十进制数转换为二进制与题干中IP地址中的192进行比较即可（网络号20位，即只需要比较二进制高位的前4位即可）：

A选项中213的二进制为11010101

B选项中203的二进制为11001011

C选项中205的二进制为11001101

D选项中207的二进制为11001111

题干IP中192的二进制为11000000，由此可知，与"11000000"的前4位"1100"不一致的只有A选项。

（17）**参考答案**：C

试题解析 SAN（Storage Area Network，存储区域网络）是一种通过网络方式连接存储设备和应用服务器的存储构架，这个网络专用于主机和存储设备之间的访问，主要特点是：服务器和存储设备相互之间的海量数据传输不会影响局域网的性能，对LAN的日常作业没有影响，多台服务器可以通过存储网络同时访问存储系统，不必为每台服务器单独购买存储设备，降低存储设备异构化程度，不同应用和服务器的数据实现了物理上的集中，高扩展性，容错能力，高可用性和高可靠性。

DAS的英文全称是Direct Attached Storage，直译过来就是直接附加存储，也称直连方式存储，

141

是指将存储设备通过 SCSI 接口线缆或光纤通道直接连接到服务器上，起到扩展存储空间的作用，特点是：实现了应用数据与操作系统的分离，提高了存储性能，结构简单，容易实现，可扩展性差，对服务器依赖性强，性能要求较高，可管理性差，资源利用率较低，异构化严重。

NAS 即 Network Attached Storage，是通过网络连接的文件级存储设备。通常，NAS 系统由存储设备（通常是硬盘驱动器）、文件系统和网络连接组成。用户可以通过普通网络协议访问存储设备上的文件。其特点主要有：集中式存储管理、共享文件夹、易于部署和维护、相对成本较低、跨平台兼容性、灵活的存储扩展、远程访问、数据备份和保护、多媒体服务器功能。缺点是：扩展性有限，性能下降［当多个用户同时访问 NAS 或需要处理大型文件（如原始视频片段）时，性能可能会下降，这是因为 NAS 是一个集中式存储设备，其性能受到以太网连接速度和处理能力的限制。］，依赖于以太网，不适合大规模使用。

IP-SAN 需要储存以及对应的以太网交换机具备以太网卡的服务器，是基于 IP 接口的 ISCSI 协议，将 SCSI 数据块通过 IP 封装实现在 TCP/IP 链路上的传输，也就是传统的网络交换机。IP-SAN 的优势在于：利用无所不在的以太网络，一定程度上保护了现有投资，IP 存储超越了地理距离的限制，适合于对关键数据的远程备份，IP 网络技术成熟，不存在互操作性问题，减少了配置、维护、管理的复杂度。

（18）**参考答案**：B

试题解析 Internet 上的每一个网页都具有一个唯一的名称标识，称为 URL（Uniform Resource Locator，统一资源定位器）。一般由协议、主机、端口号、路径四大部分组成。其中协议规定数据传输方式；域名由 DNS 转换为主机 IP 地址，用 :// 与协议分隔；端口号标识目的主机的一个进程，用 : 与域名分隔（HTTP 为 80，HTTPS 为 443）；路径指定目的主机和进程后，会进入其默认路径（首页），以此为 web 根目录访问文件。

http://www.xyz.cn/index.htm 中的"http"指协议，"//"指的是端口号，"www.xyz.cn"指的是域名，"/"指路径。

顶级域名，又称一级域名，如".com"".org"".net"".cn"等，"www.xyz.cn"中的顶级域名是"cn"，二级域名是"xyz.cn"，三级域名是"www.xyz.cn"。

（19）**参考答案**：C

试题解析 数据库的三级模式即内模式（存储模式）、模式（概念模式、逻辑模式）和外模式（子模式、用户模式）。

内模式（存储模式）：管理如何存储物理的数据，是数据物理结构和存储方式的描述，是数据在数据库内部的表示方法，一个数据库只有一个内模式。由内模式定义所有的内部记录类型、索引和文件的组织方式，以及数据控制方面的细节。

模式（概念模式、逻辑模式）：我们通常使用的表这个级别，是数据库中全体数据的逻辑结构和特征的描述，是用户的公共数据视图，综合了所有用户的需求，是数据库结构系统模式结构的中间层，一个数据库只有一个模式。

外模式（子模式、用户模式）：外模式经常是模式的子集，当不同的用户在需求等方面要求不同的时候，其外模式描述是不同的。一个数据库可以有多个外模式，同一个外模式可以为某一用户的多个应用系统使用。

模式—内模式映像：定义了数据库全局逻辑结构与存储结构之间的对应关系，是唯一的。

外模式—模式映像：当模式改变时（如增加新的关系、新的属性、改变属性的数据类型等），由数据库管理员对各个外模式—模式的映像作相应改变，可以使外模式保持不变。

（20）参考答案：C

试题解析 自然连接的结果显示全部的属性列，但是相同属性列只显示一次（故R和S关系中C、D、E三列重复，所以去重后只有A、B、C、D、E、F共6个属性列），显示两个关系模式中属性相同且值相同的记录，用符号⋈表示。

（21）（22）参考答案：C、B

试题解析 WHERE后面的条件是比Xone网点所有员工年龄都大，因此应该首先查询出Xone网点的所有员工的年龄，然后使用">ALL"与其比较即可。

"<>"表示不等于的意思，bname<>'Xone'即可表示"非Xone部门"。

（23）参考答案：D

试题解析 X轴是"安全机制"，为提供某些安全服务，利用各种安全技术和技巧，所形成的一个较为完善的机构体系。

Y轴是"OSI网络参考模型"。

Z轴是"安全服务"，就是从网络中的各个层次提供给信息应用系统所需要的安全服务支持。

由X、Y、Z三个轴形成的信息安全系统三维空间就是信息系统的"安全空间"。

（24）参考答案：A

试题解析 根据信息服务对象的不同，企业中的信息系统可以分为三类：面向作业处理的系统、面向管理控制的系统和面向决策计划的系统。

面向作业处理的系统有：办公自动化系统（office Automation System，OAS）、事务处理系统（Transaction Processing System，TPS）、数据采集与监测系统（Data Acquiring and Monitoring System，DAMS）。

面向管理控制的系统有：电子数据处理系统（EDPS），有时又叫数据处理系统（DPS）或事务处理信息系统（TPS）、知识工作支持系统（Knowledge Work Support System，KWSS）、计算机集成制造系统（Computer Integrated Manufacturing System，CIMS）。

面向决策计划的系统有：决策支持系统（Decision Support System，DSS）、战略信息系统（Strategic Information System，SIS）、管理专家系统（Management Expert System，MES）。

（25）参考答案：B

试题解析 信息系统的应用对组织结构的影响主要体现在以下四个方面：

1）促使组织结构的扁平化。
2）组织结构更加灵活和有效。
3）虚拟办公室。

4）增加企业流程重组的成功率。

（26）**参考答案**：C

试题解析 系统规格说明书是系统分析阶段的最后结果，它通过一组图表和文字说明描述了目标系统的逻辑模型。设计逻辑模型是系统分析工作的另一个特点。

系统规划阶段的输出是可行性分析报告和项目计划书，系统设计阶段的成果是系统设计说明书，而系统功能实施阶段是将系统设计的物理模型转换为可实际运行的新系统。

（27）**参考答案**：A

试题解析 增量型：先开发核心模块功能，后与用户确认，再开发次核心模块的功能，即每次开发一部分功能，并与用户需求确认，最终完成项目开发，优先级最高的服务最先交付。

瀑布型：开发前有清晰的目标，根据计划一步步进行下去，直到最后完成项目开发，适用于需求明确或者二次开发，当需求不明确时，最终开发的项目会错误。

原型法：与瀑布模型相反，原型针对的就是需求不明确的情况，先快速构造一个功能模型，演示给用户看，并按用户要求及时修改，通过不断地演示与用户沟通，最终确认并完成设计。

V模型：是瀑布模型的一个变体，特点是增加多轮测试，测试贯穿于软件开发的各个阶段，很大程度上保证了项目的准确性。

（28）**参考答案**：B

试题解析 螺旋模型针对需求不明确的项目，是多种模型的混合，与原型类似，但增加了风险分析，一般分为四个步骤或阶段，即制订计划、风险分析、实施工程、用户评估。

（29）**参考答案**：C

试题解析 信息系统从概念上来看是由信息源、信息处理器、信息用户和信息管理者等四大部分组成。

信息源是信息的产生地，包括组织内部和外界环境中的信息，这些信息通过信息处理器的传输、加工、存储，为各类管理人员即信息用户提供信息服务，而整个的信息处理活动由信息管理者进行管理和控制，信息管理者与信息用户一起依据管理决策的需求收集信息，并负责进行数据的组织与管理，信息的加工、传输等一系列信息系统的分析、设计与实现，同时在信息系统的正式运行过程中负责系统的运行与协调。

（30）**参考答案**：A

试题解析 信息系统是为管理决策服务的，而管理是分层的，可以分为战略计划、战术管理和作业处理三层。

（31）**参考答案**：B

试题解析 利用计算机网络把分布在不同地点的计算机硬件、软件、数据等资源联系在一起服务于一个共同的目标而实现相互通信和资源共享，就形成了信息系统的分布式结构。

分布式结构系统的优点是：可以根据应用需要和存取方式来配置信息资源；有利于发挥用户在系统开发、维护和信息资源管理方面的积极性和主动性，提高了系统对用户需求变更的适应性和对环境的应变能力；系统扩展方便，增加一个网络节点一般不会影响其他节点的工作，系统建设可以采取逐步扩展网络节点的渐进方式，以合理使用系统开发所需的资源；系统的健壮性好，网络上一个节点出现故障一般不会导致全系统瘫痪。

（32）**参考答案**：A

试题解析 当系统分析与系统设计的工作完成以后，开发人员的工作重点就从分析、设计和创造性思考的阶段转入实践阶段。在此期间，将投入大量的人力、物力及占用较长的时间进行物理系统的实施、程序设计、程序和系统调试、人员培训、系统转换、系统管理等一系列工作，这个过程称为系统实施。

而划分子系统和编制系统设计说明书是系统设计阶段的工作，建立系统运行管理制度是系统运行和维护阶段的工作。

（33）**参考答案**：B

试题解析 信息系统是一个社会技术系统，因此，信息系统工程的研究方法不能仅限于工程技术方法。信息系统工程的研究方法分为技术方法、行为方法和社会技术系统方法。

技术方法重视研究信息系统规范的数学模型，并侧重于系统的基础理论和技术手段。

行为方法的重点一般不在技术方案上，它侧重在态度、管理和组织政策、行为方面，如系统的使用程度、实施和创造性设计不能用技术方法中采用的、规范的模型表达。

社会技术系统方法从总体和全面的角度把握信息系统工程。从数据处理系统到管理信息系统再到决策支持系统，信息系统的开发是把计算机科学、数学、管理科学和运筹学的理论研究工作和应用的实践结合起来，并注重社会学、心理学的理论与实践成果。

（34）**参考答案**：C

试题解析 系统运行管理制度是系统管理的一个重要内容。它是确保系统按预定目标运行并充分发挥其效益的一切必要条件、运行机制和保障措施。通常它应该包括：

1）系统运行的组织机构。它包括各类人员的构成、各自职责、主要任务和管理内部组织结构。

2）基础数据管理。它包括对数据收集和统计渠道的管理、计量手段和计量方法的管理、原始数据管理、系统内部各种运行文件、历史文件（包括数据库文件）的归档管理等。

3）运行制度管理。它包括系统操作规程、系统安全保密制度、系统修改规程、系统定期维护制度以及系统运行状态记录和日志归档等。

4）系统运行结果分析。分析系统运行结果得到某种能够反映企业组织经营生产方面发展趋势的信息，用以提高管理部门指导企业的经营生产的能力。

（35）**参考答案**：A

试题解析 由于软件项目的特点，运用原型的目的和开发策略的不同，原型方法可表现为不同的运用方式，一般可分为探索型、实验型和演化型三种类型。

结构化系统分析与设计方法是一种系统化、结构化和自顶向下的系统开发方法。其主要特点是：建立面向用户的观点，严格区分工作阶段，结构化、模块化、自顶向下进行开发，充分预料可能发生的变化，工作文件的标准化和文献化。

面向对象方法围绕对象来进行系统分析和系统设计，然后用面向对象的工具建立系统的方法。

这种方法可以普遍适用于各类信息系统开发，但是它不能涉足系统分析以前的开发环节。

（36）**参考答案**：D

试题解析 信息系统项目除了具有项目的特征之外，还具有自己的特点，具体如下：信息系统项目的目标不精确、任务边界模糊，质量要求主要由项目团队定义；在信息系统项目开发过程中，客户的需求不断被激发，不断地被进一步明确，或者客户需求随项目进展而变化，从而导致项目进度、费用等计划的不断更改；信息系统项目是智力密集、劳动密集型项目，受人力资源影响最大，项目成员的结构、责任心、能力和稳定性对信息系统项目的质量以及是否成功有决定性的影响。

（37）**参考答案**：C

试题解析 所谓项目三角形，是指项目管理中范围、时间、成本三个因素之间的互相影响的关系，而质量则是这三个因素共同作用和影响的结果。

（38）**参考答案**：A

试题解析 系统分析的步骤依次为：

1）现行系统的详细调查。调查是分析与设计的基础。详细调查现行系统的情况和具体结构，并用一定的工具对现行系统进行详尽的描述，这是系统分析最基本的任务。详细调查应强调用户的参与，部门的业务人员、主管人员、系统分析人员、系统设计人员共同参与。调查工作应从企业组织的管理层开始，逐层向下调查，确保对整个企业的管理工作全面了解。

2）在详细调查的基础上，进行需求分析。

3）提出新系统的逻辑模型。

4）编写系统规格说明书。用比较形式化的术语来表示对软件功能构成的详细描述，系统规格说明书是技术合同说明，是设计和编码的基础，也是测试和验收的依据。

（39）**参考答案**：D

试题解析 结构化分析方法的指导原则如下：请用户共同参与系统的开发；在为用户编写有关文档时，要考虑到他们的专业技术水平，以及阅读与使用资料的目的；使用适当的画图工具做通信媒介，尽量减少与用户交流意见时发生问题的可能性；在进行系统详细设计工作之前，就建立一个系统的逻辑模型；采用"自上而下"方法进行系统分析和设计，把主要的功能逐级分解成具体的、比较单纯的功能；采用"自顶向下"方法进行系统测试，先从具体功能一级开始测试，解决主要问题，然后逐级向下测试，直到对最低一级具体功能测试完毕为止；在系统验收之前，就让用户看到系统的某些主要输出，把一个大的复杂的系统逐级分解成小的、易于管理的系统，使用户能够尽早看到结果，及时提出意见；对系统的评价不仅是指开发和运行费用的评价，而且还将是对整个系统生存过程的费用和收益的评价。

（40）**参考答案**：A

试题解析 UML 是一种建模语言，而不是编程语言，但用 UML 描述的模型可与各种编程语言直接相连，UML 是一种可视化、文档化和构造语言。

（41）**参考答案**：B

试题解析 在 UML 中有四种关系：依赖、关联、泛化、实现。

依赖（dependency）是两个事物间的语义关系，其中一个事物（独立事物）发生变化会影响另一个事物（依赖事物）的语义。在图形上，把一个依赖画成一条可能有方向的虚线，偶尔在其上还有一个标记。

关联（association）是一种结构关系，它描述了一组链，链是对象之间的连接。

泛化（generalization）是一种特殊/一般关系，特殊元素（子元素）的对象可替代一般元素（父元素）的对象。

实现（realization）是类元之间的语义关系，其中的一个类元指定了由另一个类元保证执行的契约。

（42）参考答案：C

试题解析　系统说明书是系统分析阶段工作的全面总结，是这一阶段的主要成果。它又是主管人员对系统进入设计阶段的决策依据。系统说明书应达到的基本要求是：全面、系统、准确、翔实、清晰地表达系统开发的目标、任务和系统功能。

对系统规格说明书的审议是整个系统研制过程中一个重要的里程碑。审议应由研制人员、企业领导、管理人员、局外系统分析专家共同进行。

（43）参考答案：B

试题解析　系统的运行效率体现在处理能力、处理速度和响应时间三个方面，其中，处理能力指在单位时间内能够处理的事务数，处理速度指处理单个事务所耗费的平均时间，响应时间指从客户端发出处理要求到系统返回处理结果所用的时间。

而平均故障间隔时间，指平均的系统前后两次发生故障的间隔时间，是用来衡量系统可靠性的指标。

（44）参考答案：A

试题解析　详细设计阶段主要是在总体设计的基础上，将设计方案进一步详细化、条理化和规范化，为各个具体任务选择适当的技术手段和处理方法。系统的详细设计包括：代码设计、数据库设计、输入/输出设计、用户界面设计、处理过程设计。

模块化设计是系统总体设计的工作内容，故 A 项错误。

（45）参考答案：C

试题解析　内聚层次从低到高依次为：偶然内聚、逻辑内聚、时间内聚、过程内聚、通信内聚、顺序内聚、功能内聚，故四个选项中内聚层次最高的是顺序内聚。

（46）参考答案：B

试题解析　提高聚合程度，降低模块之间的耦合程度是模块设计应该遵循的最重要的两个原则。但除此之外，还应遵循的原则有：系统分解有层次、适宜的系统深度和宽度比例（系统深度是指系统结构中的控制层次；宽度表示控制的总分布，即统一层次的模块总数的最大值；系统的深度和宽度之间往往有一个较为适宜的比例。深度过大说明系统划分过细，宽度过大可能会导致系统管理难度的加大）、模块大小适中、适度控制模块的扇入扇出、较小的数据冗余。

（47）参考答案：D

▶试题解析 在进行信息系统测试时应遵循以下基本原则：应尽早并不断地进行测试；测试工作应避免由原开发软件的人或小组来承担（单元测试除外）；在设计测试方案时，不仅要确定输入数据，而且要从系统的功能出发确定输出结果；在设计测试用例时，不仅要包括合理、有效的输入条件，也要包括不合理、失效的输入条件；在测试程序时，不仅要检测程序是否做了该做的事，还要检测程序是否做了不该做的事。多余的工作会带来相应的副作用、影响程序的效率，有时会带来潜在的危害或错误；充分重视测试中的群集现象；严格按照测试计划来进行，避免测试的随意性；妥善保存测试计划、测试用例，作为软件文档的组成部分，为维护提供方便。

（48）参考答案：C

▶试题解析 由于每种测试所花费的成本不同，如果测试步骤安排得不合理，将会造成为了寻找错误原因而浪费大量的时间以及重复测试的情况。因此，合理安排测试步骤对于提高测试效率和降低测试成本有很大的作用，信息系统测试分别按硬件系统、网络系统和软件系统进行测试，最后对整个系统进行总的综合测试。

（49）参考答案：C

▶试题解析 信息资源，是国民经济和社会发展的战略资源，它的开发和利用是国家信息化体系的核心内容，是国家信息化建设取得实效的关键。信息资源开发和利用的程度是衡量国家信息化水平的一个重要标志。

信息网络，是信息资源开发利用和信息技术应用的基础，是信息传输、交换和资源共享的重要手段。只有建设先进的国家信息资源，才能充分发挥信息化的整体效益。

信息技术应用，直接关系国民经济整体素质、效益和人民生活质量的提高，是国家信息化建设的重要任务。

信息技术和产业，是指要发展自己的信息技术和产业，这是我国进行信息化建设的基础。信息化建设要立足于自主技术和国产装备，这不仅是国家经济发展的需要，也是国家安全的需要。

信息化人才，是指建立一支结构合理、高素质的研究、开发、生产、应用队伍，以适应国家信息化建设的需要。人才队伍对其他各个要素的发展速度和质量有着决定性的影响，是信息化建设的关键。

信息化政策、法规和标准，是指建立一个促进信息化建设的政策、法规环境和标准体系，规范和协调各要素之间的关系，以保障国家信息化的快速、有序、健康发展。

（50）参考答案：B

▶试题解析 战略层包括：IT战略制订、IT治理、IT投资管理。
战术层包括：IT管理流程、组织设计、管理制度、管理工具等。
运作层包括：IT技术管理、服务支持、日常维护等。

（51）参考答案：A

▶试题解析 IT财务管理，是负责对IT服务运作过程中所涉及的所有资源进行货币化管理的流程，该服务管理流程包括三个环节，分别是IT投资预算（budgeting）、IT会计核算（accounting）

和 IT 服务计费。

（52）**参考答案**：D

试题解析 IT 会计核算的主要目标在于通过量化 IT 服务运作过程中所耗费的成本和收益，为 IT 服务管理人员提供考核依据和决策信息。它所包括的活动主要有：IT 服务项目成本核算投资评价、差异分析和处理。这些活动分别实现了对 IT 项目成本和收益的事中和事后控制。对成本要素进行定义是 IT 服务项目成本核算的第一步。成本要素是成本项目进一步细分的结果。

（53）**参考答案**：D

试题解析 ITIL 的主体框架被扩充为 6 个主要的模块，即服务管理（Service Management）、业务管理（The Business Perspective）、ICT（信息与通信技术）基础设施管理（ICT Infrastructure Management）、应用管理（Application Management）、IT 服务管理实施规划（Planning to Implement Service Management）和安全管理（Security Management）。

（54）**参考答案**：C

试题解析 性能管理是综合的性能管理，能在事务一级对企业系统进行监控和分析，指出系统瓶颈到底是在哪里，并且允许管理员设置各种预警条件，在资源还没有被耗尽以前，系统或管理员就可以采取一些预防性措施，保证系统高效运行，增强系统的可用性。

A 选项描述的是安全管理工具的作用，B 选项描述的是系统监控及事件处理的作用，D 选项描述的是日常作业管理的作用。

（55）**参考答案**：A

试题解析 在大多数 TCO 模型中，以下度量指标中的基本要素是相同的——直接成本及间接成本。

直接成本：与资本投资、酬金以及劳动相关的预算内的成本。比如软硬件费用、人员工资、财务和管理费用、外部采购管理，以及支持酬劳等。

间接成本：与 IT 服务交付给终端用户相关的预算外的成本。比如与终端用户操作相关的成本，如教育、培训、终端用户开发或执行、本地文件维护等。与停工相关的成本还包括中断生产、恢复成本，或者解决问题成本。

（56）**参考答案**：B

试题解析 用户安全管理审计的主要功能包括：用户安全审计数据的收集，包括抓取关于用户账号使用情况等相关数据；保护用户安全审计数据，包括使用时间戳、存储的完整性来防止数据的丢失；用户安全审计数据分析，包括检查、异常探测、违规分析、入侵分析。

（57）**参考答案**：C

试题解析 企业信息系统的运行成本，也叫可变成本，是指日常发生的与形成有形资产无关的成本，随着业务量增长而正比例增长的成本。IT 人员的变动工资、打印机墨盒、纸张、电力等的耗费都会随着 IT 服务提供量的增加而增加，这些就是 IT 部门的变动成本。

其他选项的内容均属于固定成本。

（58）**参考答案**：B

⚙️**试题解析** 构件有几个基本属性：

构件是可独立配置的单元，因此构件必须自包容。

构件强调与环境和其他构件的分离，因此构件的实现是严格封装的，外界没机会或没必要知道构件内部的实现细节。

构件可以在适当的环境中被复合使用，因此构件需要提供清楚的接口规范，可以与环境交互。

构件不应当是持续的，即构件没有个体特有的属性，理解为构件不应当与自身副本区别，在任何环境中，最多仅有特定构件的一份副本。

可以看出，构件沿袭了对象的封装特性，但同时并不局限于一个对象，其内部可以封装一个或多个类、原型对象甚至过程，其结构是灵活的。构件突出了自包容和被包容的特性，这就是在软件生产线上作为零件的必要特征。

（59）**参考答案**：A

⚙️**试题解析** 业务建模阶段是利用业务建模技术对现实业务需求、业务流程及业务信息进行抽象分析的过程，从而形成覆盖整个业务过程的业务模型。

数据规范化阶段是数据标准化的关键和核心，该阶段是针对数据元素进行提取、规范化及管理的过程。利用数据元素注册系统（或数据字典）对业务模型内的各种业务信息实体进行抽象、规范化和管理的过程，从而形成一套完整的标准数据元素目录。

文档规范化阶段是数据规范化成果的实际应用的关键，是实现离散数据有效合成的重要途径。标准数据元素是构造完整信息的基本单元，各类电子文档则是传递各类业务信息的有效载体，并是将分离的标准数据元素信息进行有效合成的手段。

数据标准化所涉及的三个主要阶段缺一不可、彼此密不可分。业务建模是数据标准化的基础和前提，数据规范化及其管理是数据标准化的核心和重点，文档规范化是数据标准化成果的有效应用的关键。

（60）**参考答案**：D

⚙️**试题解析** 故障管理中有三个描述故障的特征，即影响度、紧迫性和优先级，它们联系紧密而又相互区分。

影响度是衡量故障影响业务大小程度的指标，通常相当于故障影响服务质量的程度。它一般是根据受影响的人或系统数量来决定的。

紧迫性是评价故障和问题危急程度的指标，是根据客户的业务需求和故障的影响度而制订的。

优先级是根据影响程度和紧急程度而制订的。用于描述处理故障和问题的先后顺序。

（61）**参考答案**：C

⚙️**试题解析** 主机故障时通常需要启用系统备份进行恢复。根据所提供的备份类型不同，主机服务可分为三种：热重启（Hot Restart）、暖重启（Warm Restart）和冷重启（Cold Restart）。热启动服务专门针对客户暂时的系统故障，提供立即恢复系统可用性的服务，以完成客户某些紧急的任务。冷启动服务专门解决那些长期的系统问题（例如由于一栋大楼的倒塌使得整个系统完全瘫痪等）。

热重启的恢复时间最快,但也最难实现。在热重启模式下,应用程序保存系统当前运行的状态信息,并将该信息传送给备份部件,以实现快速恢复。

在执行故障管理时指定备份部件。备份部件需配置必要的应用程序和状态信息,这就增加了重启时间,但降低了备份部件的成本。在备份部件与现行部件不完全相同的系统中,更易实现暖重启。

冷重启是最易于实现的,但需要最长的重启动时间。冷重启意味着备份部件对故障部件的运行状态一无所知,备份部件只能从初始化状态开始。

(62) 参考答案:B

试题解析　信息系统的安全管理可以从物理安全措施、技术安全措施、管理安全措施、法律法规和安全管理的执行五个方面进行关注。

其中,物理安全主要包括三个方面:环境安全、设施和设备安全、介质安全。

环境安全管理应包括:①专门用来放置计算机设备的设施或房间;②对IT资产的恰当的环境保护,这些资产包括计算机设备、通信设备、个人计算机和局域网设备;③有效的环境控制机制,包括火灾探测和灭火系统、湿度控制系统、双层地板、隐藏的线路铺设、安全设置水管位置(使其远离敏感设备)、不间断电源和后备电力供应;④定期对计算机设备的周边环境进行检查;⑤定期对环境保护设备进行测试;⑥定期接受消防管理部门的检查;⑦对检查中发现的问题进行处理的流程。选项A属于技术安全措施,选项C属于数据安全措施,选项D属于系统安全措施。

(63) 参考答案:C

试题解析　运行管理是过程管理,是实现全网安全和动态安全的关键,运行管理工作主要包括日常运行的管理、运行情况的记录以及对系统的运行情况进行检查与评价,运行管理属于管理安全措施范畴,故C项错误。

(64) 参考答案:A

试题解析　能力数据库中输入的数据类型包括:业务数据、服务数据、技术数据、财务数据和资源应用数据。

能力管理流程要不断考虑IT架构对于用户工作的影响。为了使能力管理做到以服务为导向,服务数据需要被存储到能力数据库中。交易响应时间是一种典型的服务数据,说它是服务数据的关键在于它是与一定服务级别相对应的,反映了服务的水平状况。

(65) 参考答案:D

试题解析　系统失效后在规定时间内可被修复到规定运行水平的能力。可维护性用系统发生一次失败后,系统返回正常状态所需的时间来度量,它包含诊断、失效定位、失效校正等时间。一般用相邻两次故障间工作时间的数学期望,即平均修复时间(Mean Time Between Failure,MTTR)来表示。

而平均故障间隔时间MTBF(Mean Time Between Failure)是系统在相邻两次故障之间工作时间的数学期望,属于可靠性指标,故D项错误。

(66) 参考答案:A

试题解析　根据系统运行的不同阶段可以实施四种不同级别的维护。

1）一级维护：即最完美的支持，配备足够数量的工作人员，他们在接到请求时，提供随时对服务请求进行响应的速度，并针对系统运转的情况提出前瞻性的建议。

2）二级维护：提供快速的响应，工作人员在接到请求时，提供 24 小时内对请求进行响应的速度。

3）三级维护：提供较快的响应，工作人员在接到请求时，提供 72 小时内对请求进行响应的速度。

4）四级维护：提供一般性的响应，工作人员在接到请求时，提供 10 日内对请求进行响应的速度。

对于试运行状况或软件大面积推广状态的项目，阶段时间可能存在问题较多且可能严重影响用户日常工作的项目（例如财务软件跨年时期），其维护级别为一级。要求在"维护项目申请单"中明确维护级别，一级维护的联系人必须能够随时被联系。维护级别可以由申请维护部门根据具体情况予以申请调整。根据用户具体的请求，"软件维护工作单"的填写人根据具体情况填写紧急程度一栏时可以参照维护级别。

（67）参考答案：C

试题解析 系统转换的方法有四种：直接转换、试点后直接转换、逐步转换、并行转换。

直接转换。在确定新系统运行准确无误后，用新系统直接替换旧系统，终止旧系统运行，中间没有过渡阶段。这种方式最简单、最节省人员和设备费用，但风险大，很有可能出现想不到的问题。因此，这种方式不能用于重要的系统。

试点后直接转换。某些系统有一些相同部分，如系统中包括多个销售点、多个仓库等。转换时先选择一个销售点或仓库作为试点，试点成功后，其他部分可同时进行直接转换。这种方式风险较小，试点的部分可用来示范和培训其他部分的工作人员。

逐步转换。它的特点是分期分批地进行转换。既避免了直接转换的风险性，又避免了平行转换时费用大的问题。此方式的最大问题表现在接口的增加上。由于系统的各部分之间往往相互联系，当旧系统的某些部分转换给新系统去执行时，其余部分仍由旧系统来完成，于是在已转换部分和未转换部分就出现了如何衔接的问题。所以，需要很好地处理新旧系统之间的接口。在系统转换过程中，要根据出现的问题进行修改、调试，因此它也是新系统不断完善的过程。

并行转换。这种方式安排了一段新旧系统并行运行的时期。并行运行时间视业务内容及系统运行状况而定，一般来说，少则一两个月，多则半年。直到新系统正常运行有保证时，才可停止旧系统运行。其优点是可以进行两系统的对比，发现和改正新系统的问题，风险小、安全、可靠；缺点是耗费人力和设备。

（68）参考答案：A

试题解析 评价活动是有目标的，但评价本身不是目的，评价的最终目标是为了做出决策。因此在信息系统周期的不同阶段，应用绩效评价的作用不同。

在系统规划期，重点关注如何识别满足业务目标的 IT 系统，同时规划战略目标，并从不同的层面沟通和管理，建立良好的组织架构和技术基础架构是必不可少的。

在系统设计期，需要理解 IT 战略后，识别、开发或获取、实施 IT 解决方案，保持项目的方向。

在系统转换期，主要是对已有系统的变更与维护，以确保系统生命周期的持续改进。

在系统运行期，重点在于考核系统找出问题反馈修正系统，关注服务的价值交付，以及应用系统的实际数据处理流程及系统的安全性。

（69）**参考答案**：B

试题解析 信息系统经济效益评价的方法有投入产出分析法、成本效益分析法和价值工程法。

（70）**参考答案**：D

试题解析 IT企业通过专业化的培训，促进所学内容运用到实际工作中，从而帮助用户全面提高控制和管理软件的能力，需要对不同层级和职能的人提供不同的内容：

对于经理管理级的培训（A级），培训内容着重于计算机管理系统对管理的影响和意义，计算机管理系统的业务流程、票据流转规范等。

对于使用人员级的培训（B级），使用人员即后台操作员，他们负责本部门所有票据的录入、校对及报表打印等工作，同时还要负责管理、指导所在部门的前台操作员，他们的工作技术性相对较强。后台操作员的培训，除按后台操作手册的有关内容讲解以外，还将反复向他们强调保障录入数据正确的重要意义。

对于系统维护员的培训（C级）。系统管理员是整个系统的高级管理员，主要着重于计算机管理系统的总体结构、参数设备、系统安装等方面工程的实施，进行整个工程的实施过程也是对系统管理员的培训过程。

（71）**参考答案**：A

（72）**参考答案**：B

（73）**参考答案**：B

（74）**参考答案**：A

（75）**参考答案**：C

试题解析 一般的软件开发过程包括：需求分析、软件设计、编码与单元测试、集成与系统测试、安装与实现等。系统的详细设计包括代码设计、数据库设计、输入输出设计、用户界面设计、流程设计等。代码设计应遵循简单性原则，目的是提高效率，减少错误，同时，代码设计需要遵循一定的步骤，第一步应确定编码的对象和范围。

信息系统管理工程师 模考卷
应用技术卷参考答案与试题解析

试题一

【问题1】
参考答案 （a）配件编号 （b）采购日期

采购关系的主键有3个（电脑型号、配件编号、供应商代号），主键实现了实体的完整性约束，其外键有3个，即电脑型号、配件编号、供应商代号，外键实现参照完整性约束。

试题解析 根据题干表述可知，配件、电脑和供应商三个实体属于多对多的关系，多对多关系组成的关系模式，要以各实体的主键联合作为新关系模式的主键，同时以各关系的主键作为新关系模式的外键。

题目中已告知了采购关系模式中电脑关系的主键为"电脑型号"、供应商关系的主键为"供应商代号"，故缺少配件关系的主键"配件编号"，因此（a）处应填写"配件编号"。另题目最后要求配件的采购信息需记录采购日期和采购数量，而题目中采购关系模式中只体现了"采购数量"，故（b）处应填"采购日期"。

【问题2】
参考答案

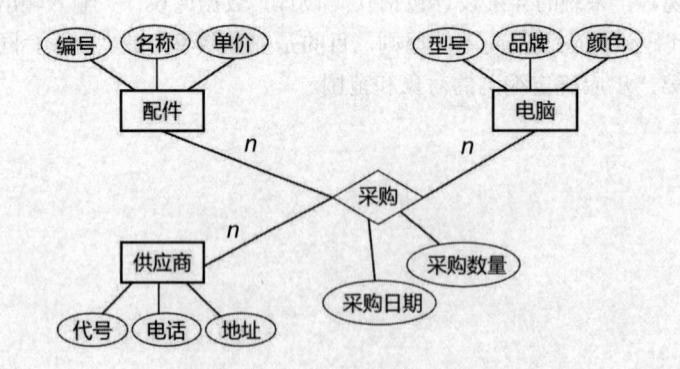

```
       编号  名称  单价           型号  品牌  颜色
         \  |  /                   \  |  /
          配件                       电脑
             \         n    n      /
              \       采购         /
               \    n   |        /
                \       |       /
               供应商  采购数量
                /|\    采购日期
              代号 电话 地址
```

试题解析 根据题干表述"配件可以从多方供应商采购，各供应商均可供应多种配件，各配件也可以被多款电脑组装使用"可知：配件、供应商和电脑三个实体之间通过"采购"可以建立多对多的联系，另外在补充实体联系图时注意将采购日期和采购数量这两个属性也补充上去。

【问题3】
参考答案

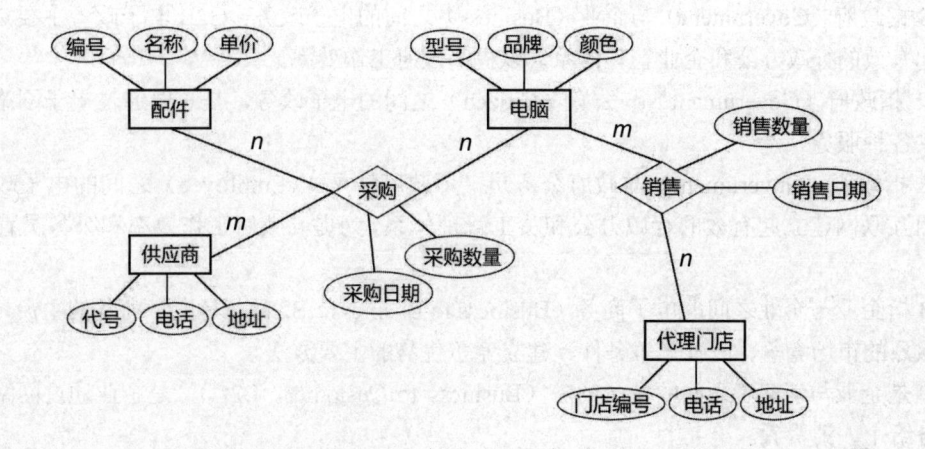

```
     编号  名称  单价              型号  品牌  颜色
        \  |  /                    \  |  /
         配件 ——— n ——采购—— n ——— 电脑 ——— m ——销售——— 销售数量
                    | m              |              |  \
                    |                |              n   销售日期
                  供应商          采购数量            |
                  / | \         采购日期         代理门店
                代号 电话 地址                     / | \
                                             门店编号 电话 地址
```

根据题目中对于新增需求的表述可知：

（1）需要新增实体"代理门店"。

（2）代理门店的属性包括：门店编号、电话、地址。

（3）实体"代理门店"和"电脑"通过"销售"建立了多对多的联系，即各代理门店均可售出多种型号的电脑，各种型号的电脑也可以通过各代理门店进行销售。

（4）"代理门店"和"电脑"是多对多的联系，则"销售"关系的主键需以"代理门店"的主键"门店编号"和"电脑"的主键"型号"联合而成以实现其完整性约束，同时，"销售"关系中的"门店编号"作为外键参照"代理门店"实体的主键，"型号"作为外键参照"电脑"实体的主键，以实现参照完整性约束。

试题二

【问题1】
参考答案

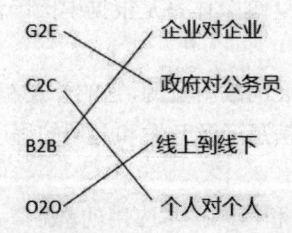

G2E —— 企业对企业
C2C —— 政府对公务员
B2B —— 线上到线下
O2O —— 个人对个人

（连线：G2E-政府对公务员，C2C-个人对个人，B2B-企业对企业，O2O-线上到线下）

试题解析 本题主要考查信息化的基础知识。

电子政务和电子商务相关的模式和概念如下：

G2G 指政府（Government）与政府（Government）之间的电子政务，即上下级政府、不同地方政府和不同政府部门之间实现的电子政务活动。

G2B 指政府（Government）与企业（Business）之间的电子政务，G2B 电子政务主要是利用网络建立起有效的行政办公和企业管理体系，以提高政府工作效率。

G2C 指政府（Government）与公众（Citizen）之间的电子政务，是政府通过电子网络系统为公民提供各种服务。

G2E 指政府（Government）与政府公务员（即政府雇员）（Employee）之间的电子政务，主要是利用互联网建立起有效的行政办公和员工管理体系，为提高政府工作效率和公务员管理水平服务。

B2B 指企业与企业之间的电子商务（Business to Business，B2B），是电子商务的主流，也是企业面临激烈的市场竞争、改善竞争条件、建立竞争优势的主要方法。

B2C 是企业与消费者之间的电子商务（Business to Customer，B2C），是企业通过网络销售产品或服务给个人消费者。

C2B 是消费者与企业之间的电子商务（Consumer to Business，C2B）。通常情况为消费者根据自身需求定制产品和价格，或主动参与产品设计、生产和定价，产品、价格等彰显消费者的个性化需求，生产企业进行定制化生产。

C2C 指个人与个人之间的电子商务（Customer to Customer，C2C）。如一个消费者有一台电脑，通过网络进行交易，把它出售给另外一个消费者，此种交易类型就称为 C2C 电子商务。

O2O 是线上与线下相结合的电子商务（Online to Offline，O2O）。O2O 通过网购导购机，把互联网与地面店完美对接，实现互联网落地。让消费者在享受线上优惠价格的同时，又可享受线下贴心的服务。

【问题 2】
参考答案　（1）信息资源　（2）信息网络　（3）信息技术应用　（4）信息技术和产业　（5）信息化人才　（6）信息化政策、法规和标准

试题解析　本题主要考查国家信息化的基本知识。

国家信息化体系包括 6 个要素，即信息资源，信息网络，信息技术应用，信息技术和产业，信息化人才，信息化政策、法规和标准。这个体系是根据中国国情确定的，与国外提出的国家信息基础有所不同。

信息资源，是国民经济和社会发展的战略资源，它的开发和利用是国家信息化体系的核心内容，是国家信息化建设取得实效的关键。信息资源开发和利用的程度是衡量国家信息化水平的一个重要标志。

信息网络，是信息资源开发利用和信息技术应用的基础，是信息传输、交换和资源共享的重要手段。只有建设先进的国家信息资源，才能充分发挥信息化的整体效益。

信息技术应用，是指要把信息技术广泛应用于经济和社会各个领域。信息技术应用工作量大、涉及面广，直接关系国民经济整体素质、效益和人民生活质量的提高，是国家信息化建设的重要任务。

信息技术和产业，是指要发展自己的信息技术和产业，这是我国进行信息化建设的基础。信息化建设要立足于自主技术和国产装备，这不仅是国家经济发展的需要，也是国家安全的需要。

信息化人才，是指建立一支结构合理、高素质的研究、开发、生产、应用队伍，以适应国家信息化建设的需要。人才队伍对其他各个要素的发展速度和质量，有着决定性的影响，是信息化建设的关键。

信息化政策、法规和标准，是指建立一个促进信息化建设的政策、法规环境和标准体系，规范和协调各要素之间的关系，以保障国家信息化的快速、有序、健康发展。

【问题3】

参考答案

（1）信息系统的管理，包括信息系统开发项目的管理、信息系统运行与维护的管理、信息系统的评价等。

（2）信息资源开发、利用的标准、规范、法律制度的制定与实施。

（3）信息产品与服务的管理。

（4）信息资源的安全管理。

（5）信息资源管理中的人力资源管理。

试题解析 本题主要考查信息资源管理的知识。

一个现代社会组织的信息资源主要有：计算机和通信设备；计算机系统软件与应用软件；数据及其存储介质；非计算机信息处理存储装置；技术、规章、制度、法律；从事信息活动的人等。一个信息系统就是这些信息资源为实现某类目标的有序组合，因此信息系统的建设与管理就成了组织内信息资源配置与运用的主要手段。

面向组织，特别是企业组织的信息资源管理的主要内容有：信息系统的管理，包括信息系统开发项目的管理、信息系统运行与维护的管理信息系统的评价等；信息资源开发、利用的标准、规范、法律制度的制定与实施；信息产品与服务的管理；信息资源的安全管理；信息资源管理中的人力资源管理。

试题三

【问题1】

参考答案 物理安全措施（设备管理）、技术安全措施（系统管理、终端识别、访问控制）、管理安全措施（出入管理）、安全管理执行的促进措施。

试题解析 本题主要考查信息系统安全管理措施的知识。

安全的最终实现是靠管理，可以说"三分技术，七分管理"。安全管理的措施可以从物理安全措施（包含环境安全、设施和设备安全、介质安全三个方面）、技术安全措施（包含系统安全和数据安全两个方面）、管理安全措施、法律法规、安全管理执行这几方面综合分析，答题时根据题目提供的信息，结合以下各类措施进行列举。

（1）物理安全措施。物理安全是指在物理介质层次上对存储和传输的网络信息的安全保护，物理安全是信息安全的最基本保障。物理安全主要包括三个方面：环境安全、设施和设备安全、介质安全。

健全的环境安全管理应包括：①专门用来放置计算机设备的设施或房间；②对IT资产的恰当的环境保护，这些资产包括计算机设备、通信设备、个人计算机和局域网设备；③有效的环境控制机制，包括火灾探测和灭火系统、湿度控制系统、双层地板、隐藏的线路铺设、安全设置水管位置（使其远离敏感设备）、不间断电源和后备电力供应；④定期对计算机设备的周边环境进行检查；⑤定期对环境保护设备进行测试；⑥定期接受消防管理部门的检查；⑦对检查中发现的问题进行处理的流程。

设施和设备安全主要包括设备管理和设备安全两个方面，其中设备管理包括设备的购置、使用、维修和存储管理几个方面，并要建立详细的资产清单。设备安全主要包括设备的防盗、防毁、防电磁信息辐射泄漏、防止线路截获、抗电磁干扰及电源保护等。

介质安全包括介质数据的安全及介质本身的安全，主要关注避免以下情况的出现：损坏、泄露、意外失误。

题目中"为使系统得到规范的管理、系统维护和技术支持，校方设立了系统管理小组"体现了物理安全措施中的设备管理措施。

（2）技术安全措施。技术安全措施为保障物理安全和管理安全提供技术支持，是整个安全系统的基础部分。技术安全主要包括两个方面，即系统安全和数据安全。其中，系统安全措施主要包括系统管理、系统备份、病毒防治、入侵检测系统的配备。数据安全措施包括数据库安全、终端识别、文件备份、访问控制。

题目中"有专人定期对系统操作日志进行监控和巡查"，体现了系统安全措施中的系统管理（日志检查和定期监视）；"教师需实名认证后方可登录、签到使用"体现了数据安全性措施中的终端识别措施；"注册时需要设定指纹用作系统登录时的身份认证"体现了数据安全措施中的访问控制措施。

（3）管理安全措施。主要包括运行管理和防犯罪管理，运行管理涉及出入管理、终端管理、信息管理。

题目中提到"系统根据各授课老师的排课计划适时对授课教室的终端和授课老师开放登录和激活权限，老师需到排课系统指定的教室内终端上方可实现登录签到"，体现了出入管理方面的措施。

（4）法律法规。信息安全管理政策法规包括国家法律和政府政策法规及机构和部门的安全管理原则。

（5）安全管理执行。建设安全组织机构，明确安全管理员职责，搭建安全管理小组，制订出一系列适合本单位的安全管理策略，制定匹配的安全管理制度。

题目中校方设立了系统管理小组，明确了小组成员的职责并依职责分配不同的权限，建立了完善的《系统使用规范及管理制度》，均体现了该校在安全管理执行方面的举措。

【问题2】

参考答案

数据内容	所属类型
对作业进行批处理的时间	b
数据库的内存占用率、每秒查询数	d
系统服务的用户数量	a
CPU 的最大利用率为 80%	c
应用程序的作业请求数和响应时间	d

试题解析 本题主要考查能力数据库结构的相关知识。

一个成功的能力管理流程的基础是能力管理数据库。该数据库中的数据被所有的能力管理的子流程存储和使用，因为该信息库中包含了各种类型的数据，即业务数据、服务数据、技术数据、财务数据和资源应用数据等。

（1）业务数据。业务数据对于系统能力管理和规划十分重要，因为 IT 系统乃至整个企业组织的管理层需要考虑组织当前和未来的业务计划对 IT 系统的容量的影响，从而一方面对 IT 系统进行能力规划；另一方面有效、合理地指导财务和人力预算，更好地进行成本控制。这些业务数据也可以用来预测和证实业务驱动的变更是如何影响系统的能力和绩效的。

业务数据包括：①系统服务的用户数量；②公司分支机构的数目及位置；③系统注册用户的数目；④终端 PC 的数量；⑤预期工作量的季节性变化；⑥业务交易网站的数目；⑦系统服务的用户数量。

（2）服务数据。能力管理流程要不断考虑 IT 架构对于用户工作的影响。为了使能力管理做到以服务为导向，服务数据需要被存储到能力数据库中。举个例子，交易响应时间是一种典型的服务数据，说它是服务数据的关键在于它是与一定服务级别相对应的，反映了服务的水平状况。另一个服务数据的例子是对作业进行批处理的时间。

（3）技术数据。IT 系统的大部分组件的使用都应受到一定的限制。如果不考虑使用级别的限制，资源一旦被过度使用，就会影响使用这些资源的服务的质量。例如，推荐的 CPU 的最大利用率为 80%，一个共享的局域网带宽的使用不能超过 40%。当然某些组件还有物理上的使用限制，例如通过一个网关的最大连接数不能超过 100 对，某种类型的硬盘的使用不能超过其物理容量 15GB。这种对于独立的组件的物理约束和限制，可以被监控活动用来作为产生警告和异常报告的值。

（4）财务数据。能力管理数据库里还可能存有财务数据。比如，能力计划中实现 IT 基础设施组件升级所需耗费的成本的信息、目前的每期 IT 预算等信息。

（5）资源应用数据。系统中包含的资源数据种类繁多，能力管理数据库中应该能提供有关各类资源组件的按分钟、小时和天等各个时间粒度存储的使用状况的应用数据。无用数据的不断累积是对数据库资源的极大浪费，应该定时丢弃，而有用的历史信息仍然需要被存储。

【问题 3】

参考答案 （1）用户仅需用同一个用户名和密码即可登录所有被授权的系统，使用更加方便。

（2）管理人员可集中对各系统的不同用户进行信息管理、访问范围管理、权限管理、行为审计等，管理安全控制力度得到加强。

（3）管理人员通过统一管理界面集中完成各系统的登录、维护用户账号、密码等，减轻管理人员的负担，提高工作效率。

（4）采用静态密码加动态密码双认证方式使安全性得到提高。

试题解析 本题主要考查 IT 系统用户管理的知识。

安全问题往往是从企业内部出现的，特别是用户身份的盗用，往往会造成一些重要数据的泄露或损坏。因此需要对各种用户的身份进行管理，而身份认证是身份管理的基础。

企业在进行身份管理时所出现的问题主要是：每台设备、每个系统都有不同的账号和密码，管理员管理和维护起来困难，账号管理的效率低、工作量大，有效的密码安全策略也难以贯彻；用户使用起来也困难，需要记忆大量的密码；账号密码的混用、泄露、盗用的情况也比较严重，出了安全问题也难以追查到具体的责任人。解决这些安全问题就需要在整个企业内部实施统一的身份管理方案，统一用户管理的好处主要有：

（1）用户使用更加方便。以前用户在登录不同的系统时，需要使用不同的用户名、密码，采用统一认证系统后，用户只需要使用同一个用户名、同一个密码就可以登录所有允许他登录的系统。在使用单点登录系统后，用户可以仅需要输入一次用户名、密码，就能对各个应用系统进行访问。

（2）安全控制力度得到加强。管理人员可以集中地对各个系统上的用户进行管理，控制用户的访问范围和权限，并对用户的行为进行审计，使整个系统的安全管理水平得到极大地提高。

（3）减轻管理人员的负担，提高工作效率。管理人员不需要再像从前一样，必须登录各个系统，才能进行用户账号、密码的管理和维护，而是可以通过一个统一的管理界面集中地完成，效率得到了提高，也减少了由于在大量设备上进行操作，出现人为失误的可能。

（4）安全性得到提高。以前采用静态密码进行认证的方式，变成了采用静态密码加动态密码的双因素认证方式。用户在进行登录时，除了输入用户名外，还要输入静态密码，以及由密码令牌产生或由短信发送的一次性动态密码。

试题四

【问题 1】

参考答案 （1）客户位置

（2）IT 员工工作地点

（3）IT 服务组织的规模

（4）IT 基础架构的特性

试题解析 本题主要考查 IT 组织设计方面的知识。

IT 部门组织架构及职责应能充分支持 IT 战略规划并足以使 IT 与业务目标趋于一致，并且应该有明确的职责设计（例如部门划分、岗位职责、与业务部门间的关系等）。

组织结构的设计受到许多因素的影响和限制，同时需要考虑和解决以下问题。

（1）客户位置。是否需要本地帮助台、本地系统管理员或技术支持人员；如果实行远程管理IT服务的话，是否会拉开IT服务人员与客户之间的距离。

（2）IT员工工作地点。不同地点的员工之间是否存在沟通和协调困难；哪些职能可以集中化；哪些职能应该分散在不同位置（如是否为客户安排本地系统管理员）。

（3）IT服务组织的规模。是否所有服务管理职能能够得到足够的支持，对所提供的服务而言，这些职能是否都是必要的；大型组织可以招聘和留住专业化人才，但存在沟通和协调方面的风险；小型组织虽沟通和协调方面的问题比大型组织少，但通常很难留住专业人才。

（4）IT基础架构的特性。组织支持单一的还是多厂商架构：为支持不同硬件和软件，需要哪些专业技能；服务管理职能和角色能否根据单一平台划分。

【问题2】

参考答案　IT财务管理的流程：①IT投资预算；②IT会计核算；③IT服务计费。

试题解析　本题主要考查IT财务管理相关的知识。

IT财务管理，是负责对IT服务运作过程中所涉及的所有资源进行货币化管理的流程。该服务管理流程包括三个环节，它们分别是IT投资预算（budgeting）、IT会计核算（accounting）和IT服务计费。

IT投资预算：IT投资预算的主要目的是对IT投资项目进行事前规划和控制。通过预算，可以帮助高层管理人员预测IT项目的经济可行性，也可以作为IT服务实施和运作过程中控制的依据。

IT会计核算：IT会计核算的主要目标在于，通过量化IT服务运作过程中所耗费的成本和收益，为IT服务管理人员提供考核依据和决策信息。它所包括的活动主要有：IT服务项目成本核算、投资评价、差异分析和处理。这些活动分别实现了对IT项目成本和收益的事中和事后控制。对成本要素进行定义是IT服务项目成本核算的第一步。成本要素是成本项目进一步细分的结果，如硬件可以进一步分为办公室硬件、网络硬件以及中央服务器硬件等。成本要素一般可以按部门、客户或产品等划分标准进行定义。而对于IT服务部门而言，理想的方法应该是按照服务要素结构来定义成本要素。用于IT项目投资评价的指标主要有投资回报率（Return on Investment，ROI）和资本报酬率（Return on Capital Employed，ROCE）等指标。为了达到控制的目的，IT会计人员需要将每月、每年的实际数据与相应的预算、计划数据进行比较、发现差异，调查、分析差异产生的原因，并对差异进行适当处理。IT会计人员需要注意的差异一般包括成本差异、收益差异、服务级别差异和工作量差异。

IT服务计费：IT服务计费是负责向使用IT服务的业务部门（客户）收取相应费用。通过向客户收取IT服务费用，构建一个内部市场并以价格机制作为合理配置资源的手段，迫使业务部门有效地控制自身的需求、降低总体服务成本，从而提高IT投资的效率。IT服务计费的顺利运作需要以IT会计核算所提供的成本核算数据为基础。

【问题3】

参考答案 （1）成本法

（2）成本加成定价法

（3）现行价格法

（4）市场价格法

（5）固定价格法

试题解析 本题主要考查IT计费管理策略相关的知识。

良好的收费/内部核算体系可以有效控制IT服务成本，促使IT资源的正确使用，使得稀缺的IT资源用于最能反映业务需求的领域。价格策略不仅影响到IT服务成本的补偿，还影响到业务部门对服务的需求。灵活适当的价格政策不仅可以补偿服务成本，而且可以为新的服务的推出提供充足的资金。

常见的定价方法包括以下几种：

成本法：服务价格以提供服务发生的成本为标准，成本可以是总成本，包括折旧等，也可以是边际成本，即在现有IT投资水平下，每增加一单位服务所发生的成本。

成本加成定价法：IT服务的价格等于提供服务的成本加成的定价方法。IT服务价格=IT服务成本+$X\%$，其中$X\%$是加成比例。这个比例是由组织设定的，它可以参照其他投资的收益率，并考虑IT部门满足整个组织业务目标的需要情况适当调整而定。这种方法适用于大型的专用服务项目，可以有效地保护服务提供者的利益。

现行价格法：参照现有组织内部其他各部门之间或外部的类似组织的服务价格确定。这种方法要求必须能够找到参照物。

市场价格法：IT服务的价格按照外部市场供应的价格确定，IT服务的需求者可以与供应商就服务的价格进行谈判协商。

固定价格法：也叫合同价格法。IT服务的价格是在与客户谈判的基础上由IT部门制定的，一般在一定时期内保持不变。

【问题4】

参考答案 IT部门作为相对独立的利润中心，会带来诸多的优势：

（1）对于企业来说，可以使企业将精力集中在核心业务上面，同时降低成本、提高边际利润。

（2）对于IT部门本身来说，可成为一个独立核算的经济实体，通过市场化的运作实现自身的盈利，一方面，对其内部人员形成有效激励；另一方面，可以更好地利用资源，创造更多的社会价值。

（3）对于业务部门来说，在市场需求阶段考虑约束，需要考虑成本因素，行为更具有经济性，有利于整体效率的提升。

试题解析 本题主要考查IT部门的职责与定位相关的知识。

提高IT服务质量及投资收益，使IT部门逐渐从IT支持角色转变为IT服务角色，从以IT职能为中心转变为以IT服务流程为中心，从费用分摊的成本中心模式转变为责任中心，企业必须改变 IT 部门在组织结构中的定位，应该将 IT 部门从一个技术支持中心改造为一个成本中心，甚至利润中心。这样，就可以将 IT 部门从一个支持部门转变为一个责任中心，从而提高 IT 部门运作的效率。

作为利润中心来运作的 IT 部门相当于一个独立的营利性组织，一般拥有完整的会计核算体系。在这种政策下，IT 部门的管理者通常可以像一个独立运营的经济实体一样，有足够的自主权去管理 IT 部门，但其目标必须由组织确定。IT 部门从成本中心向利润中心的转变需要清晰地界定服务模式，与业务部门进行充分的内部沟通，定义好关键性的服务等级协议（SLA），充分展现 IT 价值的透明度与可信度。

IT 部门作为相对独立的利润中心，会带来诸多的优势。对于企业来说，可以使企业将精力集中在核心业务上面，同时降低成本、提高边际利润。对于 IT 部门本身来说，可成为一个独立核算的经济实体，通过市场化的运作实现自身的盈利，一方面，对其内部人员形成有效激励；另一方面，可以更好地利用资源，创造更多的社会价值。对于业务部门来说，在市场需求阶段考虑约束，需要考虑成本因素，行为更具有经济性，有利于整体效率的提升。

试题五

【问题 1】

参考答案 张工进行信息系统分析时应该遵循的步骤：现行系统的详细调查；在详细调查的基础上，进行需求分析；提出新系统的逻辑模型；编写系统规格说明书。

试题解析 本题主要考查信息系统分析步骤的相关知识。

系统分析是信息系统开发工作中最重要的一环，系统分析工作遵循一定的步骤流程能为后续的工作奠定良好的基础。

系统分析的每一步都有特定的目标，并对下一步工作起着重要的作用，具体如下。

（1）现行系统的详细调查。调查是分析与设计的基础，详细调查现行系统的情况和具体结构，并用一定的工具对现行系统进行详尽的描述，这是系统分析最基本的任务。在充分了解现行系统现状的基础上，进一步发现其存在的薄弱环节和问题，为下一步的需求分析和提出新的逻辑设计做好准备。

详细调查应强调用户的参与，部门的业务人员、主管人员、系统分析人员、系统设计人员共同参与。调查工作应从企业组织的管理层开始，逐层向下调查，确保对整个企业的管理工作全面了解。在调查的过程中，要从客观去了解企业的现状和环境，掌握企业存在的问题和薄弱环节。

（2）在详细调查的基础上，进行需求分析。需求是指用户要求新系统应具有的全部功能和特性。主要包括：功能需求、性能需求、可靠性需求、安全、保密需求、开发费用和时间，以及资源方面的限制等。

（3）提出新系统的逻辑模型。在调查分析的基础上要创建新系统的逻辑模型，对反映用户需求的新系统应具备的功能进行全面、系统、准确、详细的描述。表达系统逻辑模型需要用到许多工具，如数据流图、数据字典等。

建模过程还是进一步发现问题、解决问题以及深入分析的过程，凡在建模过程中发现情况不明、数据不全或有矛盾与冲突之处，要做进一步的调查以进行弥补和纠正。

在这一过程中，用户的直接参与起着关键作用。用户对逻辑模型的理解和确认不仅是系统分析工作成功的关键，也是今后系统设计与实施阶段用户与系统建设的其他人员相互支持与配合的基础。

（4）编写系统规格说明书。用比较形式化的术语来表示对软件功能构成的详细描述，系统规格说明书是技术合同说明，是设计和编码的基础，也是测试和验收的依据。

【问题2】

参考答案 （1）D （2）C （3）A （4）B

试题解析 本题主要考查信息系统结构化分析方法的工具及系统处理过程设计的程序流程图的相关知识。

在实体联系图中，有实体、联系和属性三个基本成分。

程序框图也叫程序流程图，用于表示信息系统运行步骤和内容，包括三种基本成分，即加工步骤，用方框表示；逻辑条件，用菱形表示；控制流，用箭头表示。

数据字典中有6类条目，即数据项、数据结构、数据流、数据存储、处理过程和外部实体。

数据流图由4个基本符号组成，即外部实体、数据流、数据存储和处理逻辑。

【问题3】

参考答案 代码设计的原则：唯一性、标准化、规范化、合理性、可扩展性、简单性。

试题解析 本题主要考查信息系统详细设计的代码设计的相关知识。代码设计的原则及其含义如下：

（1）唯一性。一个对象可能有多个名称，也可按不同的方式对它进行描述，但每个对象只能赋予它一个唯一的代码，每一个代码只能唯一地代表系统中的一个实体或实体属性。例如，在人事档案管理中，人的姓名很可能出现重名，为了便于计算机识别，解决的方法就是编制职工号。

（2）标准化。代码的设计要尽量采用国际或国内的标准，某些行业的代码还应该遵循行业内部的代码标准。采用标准的代码方案，不仅能够减少代码的工作量，还能一定程度上减少系统更新和维护的工作量，而且能够为今后的信息共享创造条件。

（3）规范化。代码的结构、类型和代码格式必须严格统一，同时要有规律性，以便于计算机进行处理。在一个代码体系中，代码结构、类型、编写格式必须统一。规范化和标准化是息息相关的，在一个代码体系中，有关代码标准是代码设计的重要依据，已有的标准必须遵循。

（4）合理性。代码设计必须与代码对象的分类体系相适应，以保证代码对代码对象的分类具有表示作用。

（5）可扩展性。代码所对应的对象总是在不断地变化之中，因此代码体系本身应留有充分的余地，以备将来不断扩充的需要。当然，备用代码也不能留得过多，那样会增加处理的难度。

（6）简单性。代码结构要尽可能简单，尽量缩短代码的长度，以方便利用、提高处理效率，并减少各种差错。